전등수필
傳 燈 隨 筆
2

눈이 없는 사람은 등불을 빌리지 않는다

전등수필
傳燈隨筆

2

눈이 없는 사람은
등불을 빌리지 않는다

월 암 月庵

담앤북스

눈이 천 개인 관자재보살은 등불을 빌리지 않는다.
또한 눈이 없는 사람도 등불을 빌리지 않는다.
온몸이 눈이기 때문이다.
온몸 그대로 법신이요, 온 마음 그대로 비로자나(광명)이다.

책을 펴내며

산승은 젊은 시절 중국에서 유학한 적이 있다. 처음 중국으로 건너가 역대 조사들의 조정祖庭을 두루 참배하고 인연 닿는 도량에서 안거하기도 하였다. 세월이 많이 흐른 지금 회상해 보니 그때가 호시절이었던 것 같다. 탐간영초探竿影草의 시절 가운데 그나마 납자로서의 기상이 두드러졌던 때가 바로 운거도응 선사의 행화 도량인 운거산 진여선사眞如禪寺에 머물 때였다. 당시를 회상하며 그 시절 소중하게 담아 둔 운거 단상을 꺼내 본다.

새벽 4시에 일어나 한 시간 이상의 예불에 참석하는 것으로 하루를 시작한다. 선당禪堂에서 새벽 정진에 임하고, 아침 공양을 마치고 난 뒤 한 시간 가량의 선강禪講에 참여하면 벌써 하루가 다 지나간 느낌이다. 말이 봄이지 운거산의 4월은 아직 늦은 겨울이다. 농사 준비와 차밭 가꾸기로 온종일 운력이 진행된다. 몸은 고단하지만 마음은 오히려 편안한 것 같다. 역시 도道는 온몸으로 부딪쳐서 체득하는 것이라는 말이 맞는 것 같다.

중국 선원에서의 일과는 그대로가 선농일치禪農一致의 실천이다. 하루 종일 일하고 밤늦게까지 앉아 정진하는 것이 수좌들의 일상이다. 힘들지만 그래도 온 힘을 다해 밤 10시까지 앉아 있다가 지친 몸을 곧장 뒤로 눕힌다. 선방 구조가 좌복 뒤에 바로 침상이니 말이다. 선방이 정결하지는 않지만 이미 익숙해져서 아무렇지도 않다. 좋은 말로 염정일여染淨一如의 경지이다. 반은 졸고 앉아 있지만 그래도 앉아 있을 때가 안락하다.

운거선원에 온 지도 벌써 6개월이 지나가고 있다. 이번 봄 선칠禪七에는 특별히 조과(朝課: 아침 공부) 시간에 1시간씩 조사어록 강설을 하게 되었다. 노구를 마다하지 않는 방장 선사의 선강이 이채롭다. 조사선의 꽃이라 할 수 있는 『마조어록』을 교재로 하여 법석을 펼치고 있다. 노장님의 똑같은 어조의 강의에 조는 대중이 절반이다. 나도 살짝 졸다가 망상을 피워, 중국에 건너와 주유천하하면서 강호를 헤매고 다닌 지난날들을 반추해 본다.

불보살의 은혜를 입어 어린 나이에 공문에 들어와 수선修禪의 청복을 누리게 되었으니 분명 희유한 사건임이 틀림없다. 이력 과정에서 동경하던 조사들의 행화실지를 직접 참배한다는 것이 무엇보다 뜻깊은 인연이 아닐 수 없다. 삼십 대 초반에 중국으로 건너와 객기를 발동하여 천하 선지식을 만나 언하에 전미개오하리라 기대하기도 했다. 조사가 말하길, 무상이 신속하니 생사의 일이 크다고 하였다. 본분 일대사를 가슴에 품고 선종의 초조 달마로부터 근대 중국 선문의 대종장이신 허운 대사에 이르기까지 역대 전등의 조정을 모두 참배하리라 마음먹었다.

조계혜능의 남화사, 임제의현의 임제사, 조주종심의 백림사, 남악회양의 복엄사, 석두희천의 남대사, 청원행사의 정거사, 위산영우의 밀인사, 운문문언의 대각사 등등 중원의 수많은 조정을 참배하고, 거기에 주석하고 있던 장로 선지식을 친견하였다. 고달픈 행각이었지만 한편으로는 선열禪悅의 순간들이었다. 그리고 지금은 운거선원에서 정진하는 운수객이 되어 있다.

어제저녁 조금 무리하게 앉아 버틴 탓인지 오늘 아침 조과에 들자마자 방아를 찧기 시작한다. 은근히 한국 스님이라는 자존심도 있고 해서 억지로라도 자세를 곧추세우고 방장 노화상의 고구정녕한 말씀에 집중한다. 노장의 입에서 '여래장如來藏과 정법신淨法身'에 대한 강설이 이어지고 있다.

在纏名如來藏	번뇌에 덮여 있음을 이름하여 여래장이라 하고
出纏名淨法身	번뇌를 벗어남을 이름하여 정법신이라 한다.
法身無窮	법신은 실로 무궁하여
體無增減	그 본체가 늘거나 줄지 않아서
能大能小	능히 크게도 될 수 있고 작게도 될 수 있으며

能方能圓	네모나게 할 수도 있고 둥글게 할 수도 있다.
應物現形	대상을 따라 모양을 나타내는 것이
如水中月	마치 물에 비친 달과 같아서
滔滔運用	도도하게 작용할 뿐
不立根栽	뿌리를 내려 머무르지 않는다.

그런데 "대상을 따라 모양을 나타내는 것이 마치 물에 비친 달과 같아서 도도하게 작용할 뿐 뿌리를 내려 머무르지 않는다."라는 구절에 이르러서 문득 가슴속이 통쾌함을 느꼈다. 한 줄기 시원한 바람이 온몸을 적시는 것 같았다.

渡中參問隱知識	중국으로 건너와 숨은 선지식 찾아다니며
攀山涉水何歲時	산에 오르고 물을 건넌 세월이 얼마였던가.
今朝一聞水中月	오늘 아침 물속의 달이라는 말 한마디 듣고서
驀然散了懷裏愁	문득 가슴속 근심 걱정 사라졌네.

'수중월(水中月: 물속에 비친 달)'이라는 한마디 말에 문득 업식이 가벼워지고 마음속에 크고 작은 번뇌 망념이 아지랑이 같음을 느꼈다. 부처님의 가피인가, 조사의 은혜인가? 일주문 앞 연지에 피어나는 물안개처럼 선열이 묻어났다. 부처의 해가 더욱 빛나니[佛日增輝], 조사의 달이 밝게 비친다[祖月明照]는 의지가 명료해졌다.

세월이 한참 흐른 지금, 중원 천하에 외로운 납자가 되어 용맹하게 헤매고 다니던 그 시절의 신심과 발심을 떠올리며, 조사서래의를 물었던 의지로『전등수필』을 꾸며 제1권에 이어 제2권의 원고 정리를 마치려 한다. 평소 애송하던 무학자초 선사의 게송으로『전등수필 2』를 펴내는 산승의 심지를 드러내고자 한다.

靑山綠水眞我面　푸른 산 흐르는 물이 나의 참모습이니

明月淸風誰主人　밝은 달 맑은 바람의 주인은 누구인가.

莫謂本來無一物　본래 한 물건도 없다 이르지 말라.

塵塵刹刹法王身　온 세계 티끌마다 부처님 몸 아니런가.

『전등수필 2』가 출판되기까지 애써 준 예진, 성민, 자명, 영선, 명정, 불인, 평인, 여연 스님과 무영 보살님, 불연 거사님께 깊이 감사드리고, 담앤북스 석담 오세룡 사장님과 직원 여러분들께도 감사의 마음을 전한다.

세존응화 갑진년 새해 매화꽃을 바라보며

한산사 용성선원에서 월암 和南

차례

허공에 새긴 글자는
형상이 없다

눈으로 눈을 볼 수 없고
물로 물을 씻을 수 없다

무쇠 나무에 꽃이 피고
수탉이 알을 낳네

밝은 달은 강물에 비쳐도
그 밝음을 잃지 않는다

허공에 새긴 글자는
형상이 없다.

생사의 일이 크다

대혜종고 선사가 말했다. 태어났으나 어디서 왔는지 모르기 때문에 태어남의 일이 크고[生大], 죽어서 돌아가지만 가는 곳을 모르기 때문에 죽음의 일이 크다[死大]. 나고 죽음의 일이 크기[生死事大] 때문에 일대사一大事라고 말한다. 어디서 와서 어디로 가는가? 생사대사를 참구하는 것이 생사화두이다. 화두가 없다고 말하지 말라. 사람은 태어남과 동시에 이미 생사화두가 주어진다. 생을 알고 사를 알아 생사로부터 해탈하는 것이 화두선話頭禪이다.

부처님께서도 『법구경 주석서』에서 죽음에 대해 명상할 것을 권고하셨다.

내 생명과 나의 삶은 불확실하다.
그러나 죽음만은 확실하다.
인간의 생명은 매우 불안정한 데 비해
죽음만은 확정된 진실이다.

부처님께서는 "죽음의 진실을 받아들이고 수행하는 사람은 죽음의 순간에 두렵거나 불안하지 않아서 고요하고 안정된 마음으로 편안하게 죽음을 맞이할 수 있고, 맑은 정신으로 지금 어느 세계에 태어나게 되는지 알게 된다."라고 거듭 설하셨다.

어느 때 부처님께서 비구 오백 명을 거느리고 알라위국으로 가셨다. 이때 길쌈하는 소녀는 부처님이 알라위에 오신다는 소식을 듣고 기뻐하며 부처님 계신 곳으로 갔다. 부처님께서 그윽이 소녀를 바라보자, 가까이 오라고 하는 뜻을 눈치챈 소녀는 부처님 앞으로 다가갔다. 소녀는 공손히 엎드려 세 번 절을 올렸다.

문 : 어디서 오는가?
답 : 모릅니다.
문 : 어디로 가는가?
답 : 모릅니다.
문 : 모르는가?
답 : 압니다.
문 : 아는가?
답 : 모릅니다.

부처님께서는 소녀에게 대중들을 위해 방금 여래와 주고받은 대화의 의미를 설명해 보라고 하셨다. 그러자 소녀는 이렇게 사뢰었다.
"부처님께서는 제가 저희 집에서 출발하여 이곳에 도착한 것을 잘 알고 계십니다. 그런데도 부처님께서 너는 어디서 왔느냐고 물으신 것은, 저에게 과거 전생의 어느 곳으로부터 태어났느냐고 물으신 것이라고 생각했습니다. 그래서 저는 모른다고 말씀드렸습니다. 또한 부처님께서 너는 어디로 가느냐고 물으신 것은, 제가 죽게 되면 어느 곳으로 가서 태어날지 아느냐고 물으신 것이라고 생각하여, 저는 모른다고 말씀드렸습니다.

세 번째 물음에 대해서는 부처님께서 저더러 언젠가는 꼭 죽는다는 사실을 모르느냐고 물으신 것으로 생각하여 저는 안다고 말씀드렸습니다. 마지막으로 부처님께서는 제게 언제 죽을지 아느냐고 물으신 것으로 생각하여 저는 그것을 모른다고 대답하였던 것입니다."

이렇듯 소녀가 자세하게 설명하자 부처님께서는 매우 만족하시며 게송을 읊으셨다.

세상 사람들은 대부분 눈이 멀고
소수의 사람만이 진실을 본다.
소수의 새들만이 그물을 벗어나듯
몇몇 사람만이 해탈열반을 성취한다.

부처님의 이 설법 끝에 소녀는 수다원과를 성취하였다.

❀

그냥 왔다가 그냥 간다.
와도 그 모습 그대로
가도 그 성품 그대로.

안영한담

기러기 하늘을 날아가니	雁過長空
그림자 차가운 물속에 잠기네.	影沈寒水
기러기 물 위에 자취 남길 뜻이 없고	雁無遺踪意
물 또한 그림자 잡아 둘 마음 없네.	水無留影心

천의의회 선사의 '안영한담雁影寒潭'의 경지이다. 기러기가 떼를 지어 하늘을 날아가면 그 그림자는 강물에 비친다. 기러기가 날아가 버리면 그림자도 없어진다. 기러기는 애초에 강물에 그림자를 드리울 생각이 전혀 없고, 강물 또한 기러기 그림자를 붙잡아 둘 생각이 전혀 없다. 기러기는 그저 날아갈 뿐이며, 강물 역시 비출 따름이다.

'수중월水中月'이요, '경중상鏡中像'이라는 말이 있다. 공중의 달이 천 강을 비추면 천 강에 달이 나타난다. 달은 비춘 바 없이 천 강을 비추고, 천 강 역시 품는 바 없이 공중의 달을 품는다. 이것을 수월상망水月相忘이라고 한다. 그리고 밝은 거울이 일체 만상을 비추지만, 거울은 만상을 취할 마음이 없고 만상 또한 거울에 자취를 남길 마음이 없다. 이를 두고 경상양망鏡像兩忘이라 한다.

새가 공중을 날아가되 흔적을 남기지 않는 것처럼, 바람이 휘몰아쳐도 그물에 걸리지 않는 것처럼, 보고 듣고 느끼고 알아차림[見聞覺知]의 일체 경계에 집착함이 없으면 언제 어디서나 걸림 없는 대자유인이 될 것이다.

사공본정 선사는 이렇게 읊고 있다.

보고 듣고 느끼고 아는 것에 걸림이 없고	見聞覺知無障碍
소리 냄새 맛 감촉이 항상 삼매라네.	聲香味觸常三昧
마치 새가 공중에서 다만 날아가기만 하듯이	如鳥空中只麼飛
취하고 버리거나 좋아하고 싫어함 없다네.	無取無捨無憎愛
만약 가는 곳마다 본래 무심을 알면	若會應處本無心
비로소 관자재라 이름할 수 있으리라.	方得名爲觀自在

견문각지의 감각과 색성향미촉법의 경계가 허환虛幻임을 알면 어디에 취사선택의 분별이 있을 것이며, 애정의 그물에 걸릴 일이 어찌 있겠는가. 일체 경계에 자재함이 바로 관자재보살인 것이다. 이러한 무심의 경지가 안영한담의 경지이다.

『채근담』「전집」에 보면 안영한담의 선지禪旨를 계승하여 이렇게 적고 있다.

바람이 성긴 대숲에 불어와도	風來疎竹
지나가고 나면 소리를 남기지 않고	風過而竹不留聲
기러기 차가운 연못을 건너도	雁渡寒潭

지나가고 나면 그림자를 남기지 않네.	雁去而潭不留影
그러므로 군자는	故君子
일이 생기면 비로소 마음이 드러나고	事來而心始現
일이 지나고 나면 마음도 따라서 비워진다네.	事去而心隨空

내 모습 거울에 비치나 거울 속에 남길 마음 없고, 거울이 내 모습 비추나 그 모습 잡을 마음 없다. 이것이 나와 거울의 사귐이다. 사랑도 이와 같다. 보듬되 보듬는 바 없이 보듬고, 베풀되 베푼 바 없이 베풀고, 마주하되 앙금 없이 마주함이 바라는 바 없는 참사랑이다.

❀

신령스러운 거북이도
자기 꼬리가 자취를 남긴다[曳尾途中]는 사실을
알지 못한다.

꿈을 깨고 보니

어떤 사람이 꿈에서 큰 강물에 몸이 빠졌는데 강을 건너가기 위해 큰 용맹심을 내어 수행의 방편을 베풀었고, 수행의 방편을 베풀었으므로 꿈을 깨게 되었다. 꿈을 깨고 보니 강물에 빠진 일도 없고, 수행을 한 일도 없었다.

『화엄경』에 나오는 이야기이다. 꿈속에서 강물에 빠져서 나오려고 허우적거리다가 스스로 놀라 문득 꿈을 깨게 되었다. 꿈을 깨고 보니 애초에 물에 빠진 일이 없었고, 이 몸 또한 침상에 누워 있었다. 강물에 빠져 헤엄쳐 나오려고 몸부림친 수행의 방편은 유효한가, 무효한가?

여기서 용맹심으로 수행의 방편을 베풀어 몸부림을 친 것에 놀라 깨어났다면 여기에는 인과관계가 성립하는가? 방편으로 인해 깨어났다면 수인증과修因證果가 성립되는 것이다. 그러나 꿈을 깨고 난 다음에 보면 강물에 빠진 일도 없고 방편으로 노력한 일도 없는 것이다. 물론 꿈속에 있는 중생의 입장에서는 빠진 일도 있고 노력한 일도 분명히 있다. 그러나 꿈을 깬 도인의 입장에서 보면 애초에 빠진 일도 수행한 일도 없다.

수선사 2대 조사 진각혜심 선사는 이러한 『화엄경』의 내용을 본래면목의 입장에서 한 편의 시로 극명하게 표현하고 있다.

온갖 뼈마디가 무너져 흩어진다 해도
무너져 흩어지지 않는 몸이 있는 줄을 알아야 하고
육도에 윤회를 한다고 해도
윤회하지 않는 바탕이 있는 줄 알아야 한다.
어떤 것이 그 무너져 흩어지지 않는 몸이며
윤회하지 않는 바탕인가?
꿈속에서 갖가지로 괴로워하고 즐거워하였더니
꿈 깨고 보니 침상 위에 편히 잠자고 있었네.

무명업식이라는 환몽幻夢에 의해 육도에 윤회하면서 온갖 고통과 즐거움을 겪는다 해도, 한 물건 진여일심은 생生한 적도 없고 멸滅한 적도 없어 불생불멸이더라. 이것이 무슨 도리인가?
이 도리를 혜심 선사는 이렇게 송하고 있다.

물에 사는 고기는 물을 알지 못하고   魚龍在水不知水
물결치는 대로 자유롭게 헤엄치네.   任運隨波逐浪遊
본래 떠나지 않았으니 누가 얻고 잃었는가.   本自不離誰得失
미혹하지 않았는데 어찌 깨달음을 말하는가.   無迷說悟是何由

바오 앞에서는
꿈 이야기를 하지 마라.

시절인연

물이 깊으면 물결이 조용하고	水深波浪靜
학문이 넓으면 목소리가 나직하네.	學廣語聲低
산이 높으면 새들이 모여들고	山高鳥飛集
덕이 두터우면 사람이 절로 친해진다네.	德厚人自親

『종용록』에 설하였다. 물이 깊어지기 위해서는 천 줄기 개울물이 모여들어야 하고, 학문이 넓어지려면 부단한 정진과 연마가 뒤따라야 한다. 산이 높아 수목이 울창하려면 수없는 풍상을 겪어야 하고, 덕이 두터우려면 참고 거듭 쌓아야 한다. 이 모두가 시절인연을 기다려야 한다.

『종용록』 제2칙에 설하고 있다.

가을 서리 맞는 것을 안타깝게 여기지 말고	不惜過秋霜
영양과 맛이 깊어지기를 도모하라.	圖教滋味長
설사 생화를 꺾어 장식해 놓는다 해도	縱然生摘得
마침내 향기는 멀리까지 풍기지 않으리.	終是不馨香

만물이 익고 모든 일이 성사되기 위해서는 시간이라는 묘약이 필요하다. 하루아침에 이루어지는 일은 천하에 없다. 인간사 모든 일과 자연의 모든 현상은 시절인연을 기다려야 한다. 시절인연의 시절이라는 말 속에는 시의적절한 때가 있다는 것과 무르익을 시간적 여유가 충분해야 한다는 중층적 의미가 내포되어 있다.

그리고 시절인연의 인연이란 '그렇게 되게끔 되어 있는 것'인지, 아니면 '그렇게 되도록 해야 되는 것'인지를 숙고해 보아야 한다. 필연도 아니요, 우연도 아닌 것이 시절인연으로 피어나기 때문이다. 중생의 기세간에서 저절로 이루어지는 일은 없다. 인연이란 직접적인 원인과 간접적인 조건의 결합이다. 한 송이 꽃이 피어나는 것도 그 씨앗[因]이 있어야 하고, 흙과 물과 공기와 양분이라는 조건과 해와 달과 바람 그리고 벌과 나비의 날갯짓[緣]이 어우러져야 한다. 한 송이 꽃에 깃든 전 우주적 무진연기無盡緣起가 바로 시절인연이다.

❀

물이 맑으면 달이 와서 쉬고
나무가 무성하면 새가 둥지를 튼다.

사관에 들어

다음은 고봉원묘 선사의 실중삼관室中三關이다.

첫째, 빛나는 태양이 허공에 떠 있어 비추지 않는 곳이 없는데, 무엇 때문에 조각구름이 이 빛을 가리는가?

둘째, 사람마다 그림자가 있어 몸에서 조금도 떨어지지 않는데, 무엇 때문에 그림자를 밟을 수 없는가?

셋째, 온 땅이 하나의 불구덩이인데, 어떤 삼매를 얻어야 불에 타지 않겠는가?

고봉 선사는 22세 때 처음 참선을 하고자 단교묘륜 선사를 친견하고 "태어날 때 어디서 오고, 죽으면 어디로 가는가?"라는 생사화두를 받아 참구하였다. 밥 먹고 잠자는 것조차 잊을 정도로 참구에 몰입하였다. 그러던 중 설암조흠 선사를 참문하고 무자화두를 참구할 것을 지시받았다. 정진을 거듭하던 어느 날 설암 선사가 "무엇이 너의 송장을 끌고 왔는가?" 하고 몽둥이로 쳤다. 마침 소림기일에 대중과 함께 삼탑에 나아가 독경을 하다가 문득 오조 법연 선사의 영찬을 보게 되었다.

백 년 삼만 육천 일을	百年三萬六千日
반복하는 것이 원래 이놈이다.	返覆元來是遮漢

이 게송을 읽는 순간 홀연히 "송장을 끌고 다니는 것이 무엇이냐?"라는 화두가 타파되었다. 이때 설암 선사의 인가를 받고 그의 법을 잇게 되었다. 만년에 항주 천목산에 들어가 사자 바위가 있는 높은 절벽 위에 사관死關을 만들고 이틀에 한 끼만 먹으며 보임保任을 했다. 지금도 사자구에는 '철저히 죽어야만 산 사람을 볼 수 있다.'라는 고봉의 사자후가 새겨져 있다. 그래도 천목산으로 참문 오는 납자가 줄을 이어서 사관을 벗어나지 않고 세 가지 관문으로 접인하였으니, 이것이 바로 고봉의 실중삼관이다.

고봉 선사는 58세 되는 해인 1295년에 앉은 채로 입적하였으며, 다음과 같은 임종게를 남기고 있다.

와도 사관에 들어오지 않았고	來不入死關
가도 사관을 벗어나지 않았다.	去不出死關
쇠로 된 뱀이 바다를 뚫고 들어가	鐵蛇鑽入海
수미산을 쳐서 무너뜨린다.	撞倒須彌山

상수 제자 중봉명본 선사는 스승을 향해 이렇게 찬하고 있다.

천목산이 높다고 하나 고봉의 높이를 넘지 못하고
지옥의 관문이 험준하다고 하나 사관에 비할 수 없네.

고봉 선사의 법문집인 『선요』는 대혜 선사의 『서장』과 함께 조계종 강원의 참선 교재로 활용되고 있다. 『선요』에서는 화두참구에 대한 간명직절한 방편을 이렇게 제시하고 있다.

"만일 실제 참구하여 깨닫는 내용을 말하자면, 마치 팔십 늙은이가 거꾸로 부는 바람과 물살을 향하여 한 척의 밑 빠진 쇠로 된 배를 끌고 가는 것과 같이, 공부가 되든 안 되든 깨치고 못 깨치는 여부를 묻지 않아야 한다. 틈이 없는 마음의 온전한 생각에서 한 걸음 한 걸음 평생의 기량을 다하여 공부를 밀고 나아가야 한다. 발붙일 수 없는 곳, 힘줄이 끊어지고 뼈가 으스러지는 때의 경계에 도달하면, 별안간 물살과 바람의 방향이 바뀔 터이니, 이곳이 곧 집에 도달한 소식이니라."

공부를 지어 감에 진척이 있어 앞으로 나아감이 중요한 것이 아니라, 공부가 되든 안 되든 상관없이 밀고 나아가면 어느 순간 물살과 바람의 방향이 바뀌는 경계에 이르게 된다는 친절한 가르침이다. 이보다 더 분명한 제시가 어디 있겠는가.

❀
창밖의 잔설은 해가 뜨면 녹겠지만
방 안의 먼지는 누굴 시켜 쓸어 낼까.

높고 낮음 없는

조주 선사께서 좌선을 하고 있는데 국왕이 참배하러 왔다. 선사는 선상禪床에서 꼼짝도 하지 않고 왕을 맞이하였다. 그러고는 선상 위에서 전송을 했다. 왕이 가고 나서 대중들이 의아해하며 물었다.

"국왕이 왔는데 무엇 때문에 일어나지 않았습니까?"

"그대는 나를 모르는가? 하급 사람이 오면 절 문까지 나가서 맞이하고, 중급 사람이 오면 선상을 내려가서 맞이하고, 상급 사람이 오면 선상에 앉은 채로 맞이한다. 대왕을 하급 사람이라 취급할 수 없으니 대왕을 욕되게 할 수는 없지 않겠는가."

이 말을 전해 들은 대왕은 매우 기뻐하였다.

사람에게는 본래 상중하의 계급이 없다. 그러나 조주 선사는 선교방편善巧方便으로 제도하고자 차별을 보이셨다. 높은 지위의 사람들은 상이 너무 높으니 깎아내려야 하고, 낮은 지위의 사람들은 너무 기죽어 상을 제대로 갖추지도 못하니 도리어 치켜세워야 한다. 이것은 상이 본래 공空한, 무상無相의 도리를 깨우치게 함이다.

한 생각 돌이켜 보면 모든 사람이 본래부처로서 법왕이 아니던 가. 법왕이 되어 아쉬운 것이 어디 있겠는가. 이 도리만 제대로 알면 밖을 향해 구할 필요가 전혀 없다. 안으로 충만하지 못하니 늘 밖을 기웃거리게 된다. 누가 나를 대접해 주고, 대접해 주지 않는 것은 본분사와는 아무 상관없는 일이다. 스스로 부족하니 채우려 하고, 스스로 넘치니 얕보고자 한다.

특히 출격장부가 되어서 어찌 세상에 영합하고 살겠는가. 뭔가 꿀리는 것이 있으니 세상에 아부한다. 출가자는 천인사天人師, 즉 인천人天의 스승이 되어야 한다. 세상에 아부하지 말고 권력에 빌붙지 말고 재력에 당당하며, 인천을 제도하여 귀의케 하는 것이 사문의 표상이다.

조주 선사는 약관의 나이에 스승 남전을 만나 40년을 시봉하며 수행하였다. 나이 60이 되어 스승이 열반에 들자, 걸망 하나 짊어지고 행각을 하면서 천하 선지식들을 참문하고 거량하였다. 행각을 나서면서 남긴 말이 지금도 널리 회자되고 있다.

일곱 살 아이라도 나보다 나으면 기꺼이 배울 것이요,
백 살 노인이라도 나보다 못하면 기꺼이 가르치리라.

이것이 조주의 접인 가풍이다. 이러한 조주의 정신이 우리 선문의 정통으로 자리 잡았더라면 오늘날 수좌들의 기상이 조금은 달라졌을 것 같기도 하다.

상급 사람이 오면 맨발로 뛰어나가 맞이하고, 중급 사람이 오면 정중히 맞이하고, 하급 사람이 오면 거들떠보지도 않는 것이 요즘 조계의 인심인지 모르겠다. 중생이 본래부처라고 말은 하고 있지만, 그 입으로부터 가슴을 통해 온몸으로 실천되어야 조주의 선교 방편이 살아날 수 있다.

'부처님 법 전합시다!' 하고 구호를 외치거나 제도적 장치를 만드는 일도 중요하지만, 내가 머물고 있는 현장, 그 도량에서 오는 사람을 부디 친절로 맞이해 보라. 친절이 무엇인가. 안으로 본분사를 해결하기 위해 화두에 간절히 사무치는 것이 안의 친절이며, 일체 중생을 부처님으로 섬기는 것이 밖의 친절이다. 안과 밖이 서로 사무쳐 명철함이 진정한 친절이다. 오는 사람 막지 않고 가는 사람 붙잡지 않는 것이 절집 가풍이라며 자랑하지 말고, 나와 부딪치는 모든 사람을 부처로 대접해 보자. 이것으로부터 전법이 시작된다.

❀

곧은 낚싯바늘로 사나운 용을 낚고
굽은 낚싯바늘로 두꺼비를 낚는다.

내일모레 하지 마라

진정극문 선사는 이렇게 읊고 있다.

삭발하다 칼날에 흰 눈 같은 털이 수북함을 보고 놀라는 것은
세월이 얼마 남지 않았음을 비로소 알았기 때문이다.
부지런히 정진하여 생사를 해탈하고 성불을 하여야 하나니
내일이 있고 또 모레가 있다고 마냥 기다리지 말라.
削髮因驚雪滿刀 方知歲月不相饒
逃生脫死勤成佛 莫待明朝與後朝

어느 날 거울 속을 들여다보다가 깜짝 놀랐다. 거울 안에 웬 노인
한 분이 있지 않는가. 자세히 보니 어디서 본 듯한 얼굴인데, 어찌
된 일인가. 엊그저께 소년이었는데 어느새 노인이 되어 머리에는
흰 눈이 내리고 얼굴에는 주름이 깊어 세월의 흔적을 지울 수 없다.
나이 들어 생각해 보니, 이삼십 대 청춘의 시절에 지금처럼 철이 들
었다면 더욱 근실하게 정진했을 텐데 후회가 막급이다.
　거울 속의 초라한 노승의 모습이 다름 아닌 나의 모습이니, 후회

한들 이미 호시절은 지나갔다. 견성성불의 길은 멀고 먼데, 어느덧 염라노자 밥값 계산할 날이 다가오고 있구나. 옛사람은 지는 해를 바라보며 두 다리 뻗고 울었다는데, 이내 몸은 어이하여 배불리 밥을 먹고 두 다리 뻗고 깊은 잠 속을 헤매고 있는가. 해는 이미 서산에 기울었는데 어이할꼬 어이할꼬, 이내 인생 어이할꼬! 옛말에 '철나자 망령'이라더니 그 말이 나를 두고 한 말인 줄 이제야 비로소 알 것 같다.

이렇듯 후회가 앞서지만 익힌 습꿜은 잘 고쳐지지 않는가 보다. 생각과 말은 그렇게 하면서도 지금 당장 열반당 선禪을 참구하지 않고, 내일모레 하면서 세월을 죽이고 있으니, 삼세제불이 출세해도 눈멀고 귀먹어 제도될 날이 있겠는가. 그래도 어른이랍시고 젊은 사람들에게는 잔소리하기 십상이니, 어린 시절 익혔던 주자의 시를 다시금 음미해 본다.

소년은 늙기 쉬우나 학문을 이루기는 어려우니　少年易老學難成
순간순간의 세월을 헛되이 보내지 마라.　一寸光陰不可輕
연못가의 봄풀이 채 꿈도 깨기 전에　未覺池塘春草夢
뜰 앞의 오동나무 잎은 이미 가을 소리로구나.　階前梧葉已秋聲

『명심보감』「권학편」에 실려 있는 '우성偶成'이란 제목의 이 시는 예로부터 학문하는 많은 선비들이 애송해 왔다. 청춘의 시기가 짧은 시간임을 상기시키고, 세월을 헛되이 보내고 있을지도 모르는 후학들에게 부지런히 학문할 것을 권장하는 글이다. 오늘 닦지 않고 어찌 내일을 기약하며, 당장 행하지 않고 어찌 후일을 장담하겠는가. 시간은 화살 같아 사람을 기다려 주지 않는다. 아 늙음이여, 누구의 잘못인가.

원효는 『발심수행장』에서 이렇게 가슴을 울리고 있다.

"시간 시간이 흘러가서 속히 밤낮이 지나며, 하루하루 지나가서 속히 한 달 그믐이 지나며, 다달이 흘러가서 홀연 내년이 닥치며, 연년이 흘러가서 잠시 사이 죽음의 문턱에 이른다. 부서진 수레는 가지 못하고 늙은 사람은 닦지 못하는지라, 누워서는 게으름만 생기고 앉아서는 어지러운 생각만 일어난다. 몇 생을 닦지 아니하고 헛되이 주야를 보냈으며, 얼마나 살 헛된 몸인데 일생을 닦지 아니하는가. 몸은 반드시 죽음이 있으리니 다음 생을 어찌하랴. 급하지 아니한가, 급하지 아니한가."

그래도 늦은 때가 가장 이른 때라고 하지 않았던가!

❋

오늘이 어제 같지 않은데
어찌 내일이 오늘 같기를 바라겠는가.

한 생각을 깨달아라

생각이 일어나면 바로 깨달아라.　　　　念起卽覺

깨달으면 바로 없어진다.　　　　　　　覺之卽無

　하택 선사의 가르침이다. 이에 규봉 선사가 다음과 같이 해설을 하고 있다.

　"만약 선지식의 가르침을 받아 공적의 영지를 단박 깨닫게 되면 모든 것이 생각이 없고 형상이 없음을 알게 되니, 누가 무엇으로 나라는 상과 너라는 상을 삼을 수 있겠는가. 모든 상이 공함을 깨달으면 마음에 스스로 생각(망념)이 없고, 생각이 일어나면 곧 깨닫게 되고, 깨달으면 바로 없어지니 수행의 오묘한 문이 오직 여기에 있다. 그러므로 만 가지 행을 갖추어 수행하더라도 오직 무념으로써 근본을 삼는다."

　생각하되 생각함이 없는 것을 무념이라고 말한다. 우리가 쓰는 마음이란 말은 생각 이전의 진심(참마음)과 망념인 생각으로 나뉘어 사용되고 있다. 참마음은 생각으로 미혹되었기에 생각을 돌이켜 생각 이전 자리인 참마음으로 돌아가는 것이 참선이다. 그러므로 생

사는 일념생사一念生死요, 수행은 일념수행一念修行이며, 해탈은 일념
해탈一念解脫인 것이다.

　중요한 것은 일념一念, 곧 한 생각이다. 일체 경계의 형상으로부
터 한 생각을 돌이키는 데 열쇠가 있다. 생각이 일어나면 바로 깨닫
고, 깨달으면 바로 없어진다. 없어지면 진여일심으로 돌아간다. 이
것 역시 망념의 한 생각을 돌이켜 비추어 보는 반조返照의 한 방편
이다. 생각(망념)이 일어나면 먼저 생각을 돌이켜 비추어 반조함으
로써 생각의 공성空性을 깨닫게 된다. 깨닫게 되면 생각은 이미 생
각 아닌 생각이 되어, 그 생각이 소멸되면 무념에 이르게 된다. 이
것이 반조와 소멸의 두 단계를 거쳐 무념의 불성을 깨닫게 하는 선
의 수증 방법이다.

❁

망념인 줄 알면
원수가 되지 않는다.

하심과 상심

  야운 선사의 『자경문』에 설하고 있다. 아상과 인상의 산이 무너진 곳에 무위의 도가 저절로 이루어지고, 무릇 하심하는 자에게는 온갖 복이 스스로 모여든다.

교만한 티끌 속에 반야가 묻히고	憍慢塵中藏般若
아상과 인상의 산 위에 무명만 자라네.	我人山上長無明
저 잘난 체 안 배우고 늙어진 뒤에	輕他不學龍踵老
병들어 누워 신음 소리 한탄이 무궁하리.	病臥呻吟恨無窮

  '나'라는 실체인 아상我相과 사람이라는 개체인 인상人相이 무너져 버리면 불도는 저절로 이루어지게 된다. 나를 낮추는 하심은 만복이 깃들게 한다. 그러므로 하심은 일체 상相을 떨쳐 버리고 무위의 불도를 이루게 하고, 지혜와 복덕을 증장시켜 일체중생을 제도하게 된다.

  세속에서는 자신을 낮추면 하심下心이요, 저 잘난 체하면 상심上心이다. 하심은 겸허한 마음이며, 상심은 교만한 마음이다. 잘난 체하는 교만 속에서는 반야가 자라날 수 없다. 나라는 상과 너라는 상 가운데서는 무명업식만 더해질 뿐이다. 그러나 출세간에서는 오히려 나를 낮추는 하심下心이 너를 높이는 긍정적 의미의 상심上心으로 작용한다고 말한다. 수행자에게 있어서 하심과 상심은 별개의 두 마음이 아니다. 나를 낮추고 상대를 높이면 하심과 상심이 곧 하나의 마음이 된다.

성철 선사의 「납자십게衲子十偈」 가운데 '하심下心'의 게송에서 이렇게 말하고 있다.

법계가 모두 비로자나 부처님이거늘
누가 어질고 어리석고 귀하고 천함을 따지는가.
늙은이나 어린이를 부처님처럼 사랑하고 공경하면
언제나 비로자나 부처님 궁전을 꾸미리라.
法界盡是毘盧師 誰道賢愚貴與賤
愛敬老幼皆如佛 常常嚴飾寂光殿

게송에는 하심下心을 들어 오히려 상심上心을 말하고 있다. 왜냐하면 하심이 곧 상심이기 때문이다. 하심을 말할 때 곧잘 비유로 드는 것이 대지와 바다이다. 대지는 가장 낮은 자세로 자신을 낮추어 발아래 짓밟히면서도 모든 생명을 보듬어 키우고 있다. 그리고 바다 또한 마찬가지로 가장 낮은 곳에 처하면서도 염정染淨을 분별하지 않고 어떠한 강물도 수용하여 세정洗淨하면서 바닷속 생명을 살찌우고 있다. 이것이 하심이 곧 상심인 도리이다. 나를 낮춤이 곧 너를 높임이 되는 것이다.

중생의 눈으로 보면 법계의 두두물물이 차별상으로 보이지만, 부처의 눈으로 보면 법계 그대로가 비로자나의 진법신이다. 여기에는 피아彼我, 귀천貴賤, 현우賢愚의 차별이 없다. 오직 일진법계一眞法界의 비로자나불이다. 모든 생명을 부처로 섬기니 있는 그대로 상적광常寂光의 정토이다. 이것이 바로 하심으로 상심을 연출하는 본지풍광本地風光의 소식이다.

자신을 낮추어 상대를 부처님으로 섬기니 이것이 진정한 하심의 도리이다. 누가 말하기를, "음식도 시간이 지나면 부패하는 것이 있고 발효되는 것이 있듯이, 사람도 시간이 지나면 부패하는 이가 있고 발효되는 이가 있다."라고 하였다. 시간이 지나면서 부패하지 않고 발효되는 사람이 바로 하심으로 겸양하는 사람일 것이다. 자신을 한없이 낮추되 모든 생명을 보듬어 키우는 대지 같은 하심행자가 오로지 일체 경계에 흔들리지 않고 무심으로 삶을 발효시키는 최고의 수행자이다.

참된 보살은 나를 낮추어 남을 높이는 자이다. 낮추면 높아지고, 높이면 낮아지는 세간의 진리를 넘어 낮음과 높음이 본래 없는 평등으로 하나 되는 세계가 보살의 정토인 것이다.

❀

하심은 대지와의 입맞춤이며
상심은 허공과의 포옹이다.

너 자신을 쏴라

석공혜장 선사는 원래 사냥꾼 출신이다. 사슴을 쫓다가 마조 선사의 암자 앞을 지나게 되었다. 마조 선사에게 물었다.

"사슴이 지나가는 것을 보았습니까?"

"그대는 무엇을 하는 사람인가?"

"사냥꾼입니다."

"그대는 화살 하나로 몇 마리나 쏘는가?"

"화살 하나로 한 마리를 쏩니다."

"그대는 훌륭한 사냥꾼이 못 되는구나."

"화상께서는 활을 쏠 줄 아십니까?"

"쏠 줄 알지."

"화상께서는 화살 하나로 몇 마리나 쏩니까?"

"나는 화살 하나로 한 무리를 다 쏜다네."

"피차가 다 생명인데 어찌하여 한 무리를 다 쏩니까?"

"그대가 그와 같은 것을 안다면 어찌 자신을 쏘지 않는가?"

"만약 저로 하여금 자신을 쏘게 한다면 곧 그 방법을 모르겠습니다."

"이 사람의 오랜 세월의 무명이 오늘에 이르러 한꺼번에 쉬어 버렸도다."

석공 선사는 그때 활과 화살을 던지고 마조 선사에게 출가하였다. 이로부터 석공은 자신을 향해 화살을 쏘기 시작했다. 그는 출가 인연을 생각하고 화살을 대상을 향해 쏘는 것이 아니라 자기 자신을 향해 쏘아야 한다는 발심으로 스스로를 경책하고자 예전에 사용했던 화살을 버리지 않고 본인의 방에 걸어 두고 수행하였다.

석공 선사는 뒷날 암두 문하에서 주방 소임을 살게 되었는데 하루는 암두 선사가 물었다.

"그대는 여기에서 무엇을 하는가?"

"저는 여기에서 소를 키우고 있습니다."

"어떻게 키우는가?"

"한 번 풀 속에 떨어지면 코뚜레를 잡아끌고 돌아옵니다."

"소를 참 잘 키우는구나."

소를 키우는 것을 절집에서는 마음을 길들인다는 의미로 목우牧牛라고 한다. 즉 마음공부하는 것을 소 키운다고 말한다. 소를 키운다는 것은 마음에 집중해야 한다는 것이며, 소가 풀밭에서 풀을 뜯다가 남의 밭으로 들어가면 코뚜레를 잡아챈다는 것은 마음이 일어날 때 바로 깨달아 움직임이 없음을 체달한다는 것이다. 곧 마음의 성품을 깨닫는 것이 목우자의 공부이다.

하루는 제자가 석공 선사에게 물었다.

"스승님, 어떻게 수행해야 됩니까?"

선사는 가슴속에 항상 품고 다니던 화살을 꺼내 보이며 말했다.

"부디 그대 자신을 향해서 화살을 쏘아라."

자신을 향해서 활을 쏜다는 것은 자신의 번뇌 망상이라는 짐승을 향해 끊임없이 활시위를 당기라는 말이다. 마음속에서 짐승처럼 날뛰고 있는 업식을 향해 몰두해서 지속적으로 활을 쏘다 보면 어느 날 문득 마음 바탕이 드러나 대자유를 얻게 될 것이다.

❀

다른 사람을 향해 있으면
자신을 알지 못한다.

소 탄 자여!

그림자 없는 나무를 베어다가	斫來無影樹
물 가운데 거품을 태워 다할지니	焦盡水中漚
가히 우습도다, 소 탄 자여!	可笑騎牛者
소를 타고 다시 소를 찾는구나.	騎牛更覓牛

소를 찾는 자를 심우자尋牛子라 하니, 잃어버린 마음을 찾는 수행자를 말한다. 소를 타고서 다시 소를 찾으니, 먼저 소를 타고 있는 자가 누구인가를 물어야 한다. 마음을 쓰고 있는 자가 그 마음의 주인공이다. 마음의 주인은 마음을 쓰는 마음 그 자체이니, 진여일심이요, 본래면목이다. 이것은 알아서 될 일이 아니고, 계합하여 증득해야 할 일이다.

소요태능 선사는 13세의 어린 나이에 출가하여 부휴선수 선사 문하에서 일대시교一代時教를 배웠다. 부휴 문하에서 소요는 충휘, 응상과 더불어 삼걸三傑로 불리었다. 하지만 아무리 경전에 통달하였다 해도 생사대사를 해결하는 문제는 여전히 요원하였다.

그리하여 묘향산의 서산 대사를 참문하고 '조사서래의祖師西來意'

를 물었다. 서산 대사 문하에서 『능엄경』을 다시 배우던 어느 날 앞의 게송을 받게 된다. 이로부터 소를 찾아 제방을 유력하며 참구에 힘을 다했다. 오랜 세월 참구를 더했으나 깨치지 못하고 다시 묘향산으로 돌아가서 서산 대사를 뵈오니 감개무량하여 눈물이 왈칵 쏟아졌다. 오랜 세월 동안 스승 곁을 떠나 있었지만 잠시도 잊은 적이 없는 스승이 아니었던가. 서산 대사가 묻기를, "공부에 진척이 있느냐?"라고 하니, "떠날 때 주신 게송의 의지意地를 아직도 깨닫지 못했습니다."라고 대답했다.

　서산 대사가 다시 경책하여 이르기를, "가히 우습도다, 소 탄 자여! 소를 타고 다시 소를 찾는구나."라고 하는 말에 소요 스님은 막혔던 의심이 일시에 풀어지고 말았다. 소를 타고 소를 찾던 자가 자기 자신이 소이면서 동시에 소를 탄 자임을 깨쳤던 것이다. 서산 문하에서 소요문파를 형성하여 많은 제자를 길러 내고 임종에 이르러 이렇게 읊고 있다.

해탈이 해탈 아니거늘　　　　　　解脫非解脫
열반이 어찌 고향이겠는가.　　　　涅槃豈故鄕
취모검 빛이 빛나고 빛나니　　　　吹毛光爍爍
입으로 말하면 그 칼날 맞으리.　　口舌犯鋒鋩

❀
등잔이 불인 줄 알았다면
밥은 벌써 다 지었을 텐데.

지금 여기가 호시절

"도道란 어떠한 것입니까?"

"도는 도다. 곧 길이다."

"그럼 길이란 어떠한 것입니까?"

"길은 저 담장 밖에 있느니라."

"아니, 누가 그런 길을 물었습니까?"

"그러면 너는 무슨 길을 물었느냐?"

"대도大道, 즉 큰길을 물었습니다."

"그래, 큰길은 장안으로 통하지."

조주 선사의 법문이다. 도는 사람이 걸어가는 길이요, 사람이 만들어 가는 길이다. 담장 밖에 있는 길은 어디에나 있는 길이다. 그리고 큰길은 서울로 통할 뿐만 아니라, 온 우주가 그대로 하나의 큰길이다. 그래서 조주 선사는 도에 이르는 것이 어렵지 않다고 말하고, 다만 분별하고 선택함을 버리라고 하였다. 또한 어떤 것이 분별하고 선택하지 않는 것이냐는 학인의 물음에, "온 우주에 오직 내가 홀로 존귀하다."라고 명쾌하게 답하고 있다.

도란 인생 그 자체이자, 그 자체의 본질인 대자유이다. 자유란 있는 그 자리에서 경계에 끄달림 없이 이루어지는 것이지, 배우고 익혀서 얻어지는 경지가 아니다. 즉 도란, 인식 너머에 펼쳐진 대상으로서의 유토피아가 아니다. 일하고 놀고 밥 먹고 잠자는 일상 그대로가 도의 작용이다. 그래서 선가에서는 '평상심이 도'라고 말하는 것이다.

조주가 스승 남전 선사께 물었다.
"도가 무엇입니까?"
"평상심이 바로 도이니라[平常心是道]."
"그렇다면 평상심을 어떻게 유지해야 합니까?"
"어떤 방법이나 방향을 미리 정해 놓고 나아가는 것은 도에 어긋나느니라."
"그렇지만 방법을 모르고 어떻게 도를 알 수 있겠습니까?"
"도는 아는 데 속하지도 않고 모르는 데 속하지도 않는다. 알았다 하면 그것은 곧 망상이요, 모른다 하면 무기無記이니, 만약 참으로 도를 통달하면 마치 허공이 걸림 없이 확 트인 것과 같거늘 어찌 시비할 게 있겠는가?"

평상심이란 천날만날 반복되는 근심 걱정, 번뇌 망념이 아니다. 분별이 끊어져 조작이 없는 순연지심(純然之心: 순수한 마음)이 바로 도이다. 일체 분별의 티끌에 물들지 않는 자연 그대로의 마음에는 안다는 망상도 모른다는 무기도 발붙일 곳이 없다. 다만 허공처럼 맑고 밝아 걸림 없이 무애자재無碍自在할 뿐이다. 그래서 도란 어렵고 쉬운 영역의 분별이 아니라, 해 뜨면 일하고 달 뜨면 잠자는 일상 그대로가 도인 것이다. 부질없는 망상으로 온종일 바쁘게 헤매지 말고, 지금 여기에서 깨어 있고 열려 있는 평상심으로 오늘을 살자.

무문혜개 선사는 이렇게 읊고 있다.

봄에는 백 가지의 꽃들이 피고 가을에는 밝은 달이 뜨고
여름에는 서늘한 바람이 불고 겨울에는 은색의 눈이 내린다.
만약 어떤 사람이 마음 한가운데 부질없는 생각만 담지 않으면
이것이 바로 사람들이 바라는 살기 좋은 호시절이다.

春有百花秋有月 夏有凉風冬有雪
若無閑事掛心頭 便是人間好時節

❁

하루 종일 걸어도
한 뼘의 땅을 밟은 적 없고
하루 세끼 밥 먹어도
한 알의 밥을 씹은 적 없네.

죽었다 생각하고

보조지눌 선사가 말했다.

세월은 홀연히 바람처럼 지나가서	歲月飄忽
모르는 사이에 늙음을 재촉한다.	暗催老相
마음자리 아직 닦지 못했는데	心地未修
점차로 죽음이 가까워졌네.	漸近死門

보조 선사는 정혜결사를 결맹하여 선정과 지혜를 함께 닦아[定慧 雙修] 마음자리를 밝혀 생사를 해탈할 것을 제시하였다. 인생에서 나고 죽는 일이 가장 큰 일이다. 선사는 거듭 무상한 인생에 대해 강조하기를, "나고 죽는 무상이 신속하여, 찰나에도 보존하기가 어렵다. 돌이 부딪쳐 일어나는 불이요, 바람 앞에 등불이며, 잦아드는 물결이요, 저물어 가는 석양이다."라고 하였다. 아침나절에 성하던 몸이 저녁나절에 연기로 사라지는 것이 무상의 법칙이다.

보조 선사는 『정혜결사문』에서 말하고 있다.

"땅에 쓰러진 자 땅을 짚고 일어나라."

마음이 미혹하여 중생이 되었으니, 마음을 깨달아 부처가 되라는 가르침이다. 『능가경』에 설하길, "마음이 일어난즉 갖가지 법이 일어나고[心生卽種種法生], 마음이 사라진즉 갖가지 법이 사라진다[心滅卽種種法滅]."라고 하였다. 결국 한 생각[一念]이 일어나고 사라지는 생멸법에 미혹하면 중생이요, 생멸법을 깨달으면 부처인 것이다.

나옹혜근 선사는 각오 선인에게 주는 글에서 이렇게 제시하고 있다.

"한 생각 일어나고 사라지는 것을 생사라 한다. 생사하는 그 순간 순간에 모름지기 힘을 다해 화두를 들어라. 화두가 순일하면 일어나고 사라짐이 곧바로 없어지는데, 일어나고 사라짐이 다한 그곳을 공적空寂이라 한다. 공적한 가운데 화두가 없으면 그것을 무기無記라 하고, 공적한 가운데 화두가 어둡지 않으면 그것을 영지靈知라 한다. 즉 이 공적영지空寂靈知한 것은 무너지지도 않고 잡된 것도 아니다. 이렇게 공부하면 머지않아 공부가 이루어진다."

부모로부터 받은 면목은 묻지 않겠거니와 부모에게서 태어나기 전의 그대의 본래면목은 무엇인가? 의심하고 의심하며, 참구하고 참구하여 몸과 마음이 화두와 한 덩어리가 되어 의지할 곳이 없고, 마음 가는 곳마저 없게 되면 마치 물을 마셔 본 사람이 차고 따뜻함을 저절로 아는 것과 같이 스스로 고개 끄덕일 날이 올 것이다. 어디 한번 안 태어난 셈 치거나 혹은 지금 당장 죽었다고 생각하고 화두와 독대하여 일찍이 증득하지 못했던 그 일대사를 단박에 해결해 보자.

소요태능 선사는 도조 선인에게 준 게송에서 화두 공부에 대해
이렇게 강조하고 있다.

본참 공안을 들면 마음에 사량분별 없어져서   本參公案沒心思
은산에 철벽처럼 모든 생각 끊어짐이로다.   鐵壁銀山百不知
의심해 가고 의심해 와서 의심에 간단이 없으면   疑來疑去疑無間
고목에 꽃이 피어 가지마다 가득하리.   枯木開花滿故枝

❀

오경에 닭이 울면
집집마다 새벽이다.
한 사람이 도를 이루면
만 중생이 해탈한다.

열 가지 병통

고봉원묘 선사는 『선요』에서 참선 공부가 순일하게 되지 못하는 열 가지 병통에 대해 자세히 감별해 주고 있다. 공부인이라면 간절한 마음으로 살펴보아야 할 대목이다.

첫째, 전생에 닦은 지혜가 없었던 것은 아닌가.

둘째, 눈 밝은 스승을 만나지 못했던 것은 아닌가.

셋째, 하루 공부하고 열흘 놀았던 것은 아닌가.

넷째, 근기가 시원찮고 의지가 약했던 것은 아닌가.

다섯째, 번뇌 망상에 푹 빠져 있었던 것은 아닌가.

여섯째, 공적한 곳에 걸려 막혀 있었던 것은 아닌가.

일곱째, 쓸데없는 잡념이 있었던 것은 아닌가.

여덟째, 시절인연이 아직 도래하지 않았던 것은 아닌가.

아홉째, 화두를 의심하지 않았던 것은 아닌가.

열째, 얻지 못한 것을 얻었다 하고, 증득하지 못한 것을 증득했다고 말했던 것은 아닌가.

공부인은 과거 전생에 불법과 인연이 있어 공부를 지어 왔는지, 아니면 제대로 수행을 이어 오지 못했는지를 간파하여야 한다. 종문에 '삼생성불'이란 말이 있다. 삼생을 번갈아 태어나면서 수행에 매진하여 대오견성을 이루어 가는 것을 말한다. 전생에 인연이 없었다면 금생에 결정심으로 발심하여 삼생의 첫걸음을 힘차게 내디뎌야 할 것이다.

도를 닦음에 세 가지 조건이 갖추어져야 한다. 도량·도반·도사가 그것이다. 그중 도사, 즉 선지식의 역할은 매우 중요하다. 초심자는 생사해탈로 이끌어 줄 큰 스승을 반드시 만나야 한다. 빨리 도를 이루어야겠다는 속효심速效心이 병통이 되지만, 방일하고 해태하여 공부에 집중과 지속이 없다면 결코 이룰 수 없다. 공부인은 결단코 이루고야 말겠다는 분심(용맹심)이 반드시 필요하다.

수선인은 먼저 자신의 근기를 잘 살펴야 한다. 대부분의 사람들은 이중적 관념을 가지고 있다. 스스로 생각하기를 자신이 하근기라고 퇴굴심을 내면서도 한편으로는 자신이 상근기에 속한다고 증상만을 일으키곤 한다. 비록 근기가 하열하더라도 지금 당장 대심범부大心凡夫의 상근 발심으로 한 번 뛰어넘어 곧바로 여래의 경지에 들어가겠다(一超直入如來地)는 발심을 일으켜야 한다. 그리고 번뇌 망념을 바꾸어 보리정념으로 나아가겠다는 결정심을 내지 않고 그냥 오늘도 내일도 망념과 도반이 되어 그 속에 뒹굴고 있다면 공부하고는 십만 팔천 리로 멀어진다.

수행함에 있어서 고요한 곳에서 고요함을 추구하여 공적空寂에 빠져 있으면 공병空病에 걸린 수행자가 된다. 시끄러움과 고요함,

그 어디에도 빠지지 않는 중도의 수행이 필요하다. 그리고 수선자는 순일한 마음으로 한결같이 공부를 지어가야 한다. 설혹 잡념의 침범을 당하더라도 거기에 상관하지 말고 화두에 몰입해야 한다. 공부의 시절인연은 스스로 만들어 가야 하고, 또한 장원심長遠心으로 시절을 맞이할 줄도 알아야 한다. 수행자가 오로지 오래 앉아 있으면서 깨달을 날을 기다리는 대오선待悟禪을 해서는 안 된다. 단지 일념으로 화두에 의심·의정·의단으로 이어져 화두 타파를 이루어야 한다.

공부를 좀 했다고 하는 구참 수행자들이 가장 경계해야 할 덕목이 공부에 대한 자랑과 과장이다. 공부하다가 공부가 좀 순일할 때 자랑하고픈 마음을 일으키면 공부는 원점으로 돌아가 버리고 만다. 그리고 조금 공부된 경계를 가지고 마치 무엇인가 이루고 얻은 것처럼 자기를 높이며, 더 나아가 어떤 경지를 증득한 것처럼 하는 것이 가장 무서운 선병이다. 경계하고 경계해야 할 덕목이다. 자신을 향해 가만히 반조해서 나의 선병이 어디에 있는지를 점검해 보아야 한다. 일체중생을 향한 자애와 비원이 수행의 바탕이 되어야 한다.

❀

호랑이는 야위어도 영웅심이 있고
사람은 가난해도 큰 뜻이 있다.

세계일화

1945년 8월 15일, 일본 제국주의가 항복하고 조국이 해방되었다. 만공 선사는 이 소식을 다음 날인 16일에야 듣게 되었다. 가까운 신도로부터 해방의 소식을 듣고 길가에 핀 무궁화 꽃잎을 따다가 거기에 먹을 갈아 '세계일화世界一花'라는 네 글자를 쓰고 낙관 대신 근화필槿花筆이라고 썼다. 그리고는 지켜보던 사람들에게 이렇게 법문을 설했다.

"세계는 한 송이 꽃. 너와 내가 둘이 아니요, 산천초목이 둘이 아니요, 이 나라 저 나라가 둘이 아니요, 이 세상 모든 것이 한 송이 꽃이다. 어리석은 자들은 온 세상이 한 송이 꽃인 줄 모르고 있다. 그래서 너와 나를 구분하고, 내 것과 네 것을 분별하고, 적과 동지를 구별해 다투고 빼앗고 죽이고 있다.

허나 지혜로운 눈으로 세상을 보라. 풀이 있어야 짐승이 있고, 네가 있어야 내가 있고, 남편이 있어야 아내가 있고, 아내가 있어야 남편이 있고, 부모가 있어야 자식이 있고, 자식이 있어야 부모가 있는 법. 남편과 아내가 한 송이 꽃이요, 부모와 자식도 한 송이 꽃.

이 세상 모든 것이 한 송이 꽃이라는 이 생각 한 가지를 바로 지니게 되면 세상은 편할 것이요, 세상은 한 송이 꽃이 아니라고 그릇되게 생각하면 세상은 늘 시비하고 다투고 피 흘리고 빼앗아 죽이는 아수라장이 될 것이다.

그래서 세계일화의 참뜻을 펴려면, 지렁이 한 마리도 부처로 보고, 참새 한 마리도 부처로 보고, 심지어 저 미웠던 원수들마저도 부처로 보아야 할 것이다. 다른 교를 믿는 사람들도 부처로 보아야 할 것이니, 그리하면 세상 모두가 편안할 것이니라."

『문수설반야경』에 설하길, "법계는 하나의 모습이다[法界一相]. 하나의 모습인 법계에 계합하는 것[繫緣法界]이 일행삼매一行三昧이다." 라고 하였다. 법계는 일상一相이요, 세계는 일화一花이다. 그리고 사람은 부처요, 중생은 동체同體이니 오직 대자대비大慈大悲가 생명이다. 한 생각 어긋남 없이 동체대비를 행함이 불이선자의 수행이다. 부디 무명업식無明業識으로 살아가는 업생(業生: 중생 살림살이)을 청산하고, 진여일심을 밝히는 진여훈습眞如熏習으로 원생(願生: 불보살의 살림살이)을 살아가자.

❀

금강역사와 진흙인형이
등을 대고 문지른다.

바람처럼 구름처럼

흰 구름 사려고 맑은 바람 팔았더니	白雲買了賣淸風
집안 살림 다 흩어져 뼛골까지 가난하네.	散盡家私徹骨窮
한 채의 초가집만 겨우 남겨 두었다가	留得數間茅草屋
이 길 떠나면서 그 집마저 불에 던지노라.	臨別付與丙丁童

원나라 석옥청공 선사가 임종에 이르러 그의 법제자인 고려의 백운경한 선사에게 보낸 사세송辭世頌이다. 출가 수행자는 운수납자이다. 물과 구름을 벗 삼아 청산에 머무는 것이 운수납자의 살림살이다. 가진 것이라고는 맑은 바람과 밝은 달뿐이니, 살림살이가 뼛속에 사무치는 청빈의 극치이다. 그나마 맑은 바람 팔아서 흰 구름을 사니 가진 것은 이제 몸뚱이 하나밖에 없구나. 이제 시절인연 따라 이 몸마저 거두어야 할 때에 병정동자(불)에게 던지니 한 줄기 빛으로 돌아간다.

향엄 선사가 말하길, "작년 가난은 가난이 아니요, 금년 가난이 비로소 가난이다. 작년에는 송곳 꽂을 땅이 없더니 올해는 송곳마저 없어졌네."라고 하지 않았던가. 모름지기 출가자의 살림살이는 정情은 가난해야 하고, 도道는 부자가 되어야 한다고 하였다.

그 스승에 그 제자인가. 석옥 선사로부터 사세송을 받은 백운 선사 또한 임종에 이르러 이렇게 읊고 있다.

내 몸은 본래 있는 것이 아니요,	我身本不有
마음 또한 머무는 곳이 없도다.	心亦無所住
재를 만들어 사방에 뿌려	作灰散四方
단월의 땅을 차지하지 말라.	勿占檀那地

다비하여 재를 뿌릴지언정 시주의 땅을 차지하여 묘탑을 세우는 일까지 사양하고자 한다. 예로부터 도를 얻은 연후에 회상을 이루지 않고 홀로 산속에서 일생을 바람처럼 머물다 간 도인들이 부지기수이다. 9세기 당나라 때 남악의 현태 선사 또한 산속 암자에서 홀로 기거하며 살았다. 임종에 이르러 곁에 아무도 없어서 산 아래에 내려가서 지나가는 한 스님을 불러다가 화장을 당부했다. 나무를 암자 앞에 쌓아 두고 가사를 입은 채 그 위에 앉아 조용히 입적했다.

현태 선사가 남긴 임종게가 다음과 같이 전해지고 있다.

내 나이 올해 예순다섯, 사대가 주인을 떠나려 한다.
도는 스스로 아득하고 아득해서
그곳에는 부처도 없고 조사도 없다.
머리 깎을 필요도 없고 목욕을 할 필요도 없다.

한 무더기 타오르는 불꽃으로 천 가지, 만 가지가 넉넉하다.

나고 죽음이 본래 없는 그 자리에서 소요자재하는 도인의 풍모를 여실히 드러내 보여 주고 있다. 이것이 한도인閑道人의 살림살이긴 하다. 하지만 부처도 없고, 조사도 없는 경지에서 머리 깎을 일도 없고, 목욕할 일도 없는 무사인無事人에게 한 무더기 불꽃은 오히려 호사가 아니던가. 출가한 수행자가 어찌 아등바등하겠는가. 옛사람 누더기 한 벌로 몸을 가리고, 발우 하나로 목숨을 가꾼 것을. 밝은 달빛 속을 스치듯 지나가는 맑은 바람이여! 맑은 바람처럼 왔다가 밝은 달빛처럼 가는 나그네여!

백두대간 한산 마루에
고추 배추 무 가꿔 일찌감치 김장해 묻고
밝은 달빛 팔아 햅쌀 서너 말 들여오고
맑은 바람 팔아 찬거리 서너 가지 장만하니
삼동 안거 살림살이 이만하면 남부럽지 않네.
티 없는 하늘 한 뼘과 말쑥한 산빛 반 줌을
고운 님 단월에게 보낸다.

❊
인생 칠십의 살림살이
눈 가득 청풍이요,
귀 듬뿍 명월이다.

한 가지 일도 없어

마음은 색이 아니기 때문에 있는 것이 아니고
작용하면서 무궁하기 때문에 없는 것도 아니다.
또한 작용하면서도 항상 비어 있기 때문에 있는 것도 아니고
비어 있으면서도 항상 작용하기 때문에 없는 것도 아니다.

心非色故非有 用而不窮故非無

又用而常空故非有 空而常用故非無

마음의 중도를 말하고 있는 영명연수 선사의 법문이다. 마음은
모양이 없어 공空하므로 있는 것이 아니지만, 항사恒沙의 작용이 있
으니 없는 것도 아닌 불이중도不二中道이다. 범부는 색色에 집착하
고, 이승은 공空에 집착한다. 그러나 보살은 색에서 공을 보고, 공에
서 색을 보아 중도의 마음을 쓴다. 중도에 어두우면 미혹이요, 중도
에 밝으면 깨달음이다. 그래서 연수 선사는 이렇게 설하고 있다.

미혹했을 때는 사람이 법을 따르고   迷時人逐法
깨달았을 때는 법이 사람을 따른다.   解時法逐人

깨달은즉 의식이 물질을 섭수하고 　　　　解卽識攝色

미혹한즉 물질이 의식을 섭수한다. 　　　　迷卽色攝識

혜능 선사가 제자 중『법화경』삼천 독을 한 법화행자인 지성 화상에게 묻고 있다.

"그대가 법화를 굴리는가, 법화가 그대를 굴리는가?"

설사 경전에 설해진 법이라 하더라도 자신이 부처로서 주체적으로 수용해야 한다는 가르침이다. 미혹한 사람은 경계를 따르고, 깨달은 사람은 경계가 따르게 한다. 의식이 외물의 주인이 되어야지 객이 되어서는 안 된다.

위산영우 선사가 제자인 앙산혜적을 향해 "『열반경』40권 중 얼마만큼이 부처의 설법이며, 얼마만큼이 마군의 설법인가?"라고 물었을 때, 앙산이 "『열반경』40권 모두가 마군의 설법입니다."라고 대답하자 그 자리에서 인가하였다. 이 또한 경전의 말씀이라 하더라도 자신이 직접 증득하지 못하고 다만 의지의 대상으로만 받아들이고 있다면 이는 마군의 말에 불과한 것이다.

연수 선사는 종문의 정안으로서 아미타불의 화신이라 일컬어지는 육신보살이기도 하다. 어느 날『화엄경』을 지송하다가 "보살이 원력이 없으면 마장이다."라는 구절에 이르러 눈물을 흘리고 크게 발심하여 발원문을 지었다.

"널리 발원하옵니다. 시방의 모든 학인과 뒤에 오는 현인들이 도道

는 부자가 되고 몸은 가난하며, 정情은 성글고 지혜는 빈틈없게 되어지이다. 그리하여 불조의 마음 종지를 펼치고 인간 천상의 안목을 활짝 열게 하여지이다….”

항주의 서호 변에 자리한 영명사(정자사)에서 널리 행화하다가 그만두고 천태산 화정봉으로 돌아가면서 일생의 가풍을 이렇게 읊고 있다.

목마르면 물 반 국자 떠 마시고
배고프면 솔잎 한입 따 먹으며
가슴속에는 한 가지 일도 없어
높이 백운봉에 누웠노라.

가슴속에 한 가지 일도 없는 사람이 진정 삼계를 벗어난 사람이다.

❀
땅에서 허공으로 뛰어오르기는 쉬워도
허공에서 땅으로 뛰어내리기는 어렵다.

눈썹이 하는 일

『종용록』에서 전하고 있는 이야기이다.

입이 코에게 물었다.

"먹고 마시는 일도 내가 하고 말도 내가 하는데, 너는 무슨 공功이 있어 나보다 위쪽에 있는가?"

코가 말했다.

"오악五嶽 가운데 중악中嶽이 존귀하기 때문이다."

코가 다시 눈에게 물었다.

"너는 어찌하여 내 위에 있는가?"

눈이 대답했다.

"나는 일월과 같아서 사물을 비추어 밝게 아는 공이 있다."

눈이 감히 눈썹에게 물었다.

"그대는 무슨 공이 있어서 나보다 위에 있는가?"

눈썹이 말했다.

"나는 공이 없음에도 위쪽에 있는 것이 부끄럽다. 만약 나를 얼굴의 아래쪽에 두어, 눈이 눈썹 위에 있는 것을 생각해 보아라. 어떤 몰골이 되겠는가."

『종용록』제20칙에 전하고 있는 이야기이다. 마의 선사의 『마의 상법』에는 얼굴 모습을 오악五嶽에 비유하여 표현하고 있다.

"이마는 항산(북악)이 되고, 턱은 형산(남악)이 되고, 코는 숭산(중악)이 되며, 좌측 관골은 화산(서악)이 되고, 우측 관골은 태산(동악)이 된다."

얼굴에 있는 입·코·눈이 각각 하는 역할이 있어 그 공이 있음을 서로 자랑하고 있다. 반면에 별로 하는 일 없이 맨 위에 있는 눈썹은 스스로를 부끄러워하고 있다. 하지만 눈썹이 얼굴의 맨 아래에 위치한다든가, 눈 밑에 있다고 가정해 보면 얼굴 전체의 조화가 어떻게 될는지는 알 수 없다.

보월 선사가 말했다.

"옛사람이 말하기를, 눈으로 보고 귀로 듣는다고 하였다. 그대들은 말해 보라. 눈썹은 무슨 일을 하는가? 잠시 말 없다가, 근심스러울 때는 함께 근심하고, 즐거울 때는 함께 즐거워한다. 사람들은 모두 쓸모 있는 것은 잘 사용할 줄 알지만, 쓸모없는 것이 크게 쓸모 있는 작용을 한다는 사실은 잘 알지 못한다."

세상은 쓸모 있는 것만 귀하게 여기고, 쓸모없는 것은 하찮게 여기는 경향이 있다. 노자는 함이 있는 유위有爲와 함이 없는 무위無爲에 대해 "하되 함이 없음[爲而無爲]이 무위요, 함이 없되 하는 것[無爲而爲]이 유위"라고 하였다. 『장자』「인간세」편에도 "산의 나무는 스스로 베이도록 하고, 등잔불은 스스로 태운다. 육계나무는 먹을 수 있기 때문에 잘리고, 옻나무는 칠로 사용할 수 있기에 껍질이 벗겨진다. 사람들은 모두 쓸모 있는 것의 쓰임을 잘 알지만, 쓸모없는 것의 쓰임은 잘 알지 못한다."라고 하였다.

입은 먹고 마시고 말하는 일을 하고, 코는 냄새 맡고 숨 쉬는 일을 하고, 눈은 보는 일을 하여서 '하되 함이 있는 유위'의 작용을 하고 있다. 그러나 눈썹은 하는 일은 없지만 입과 코와 눈이 하는 일에 따라 좋으면 좋은 대로 싫으면 싫은 대로 치켜세우기도 하고 찡그리기도 하여 전체의 면목을 조화롭게 한다. 그래서 예로부터 종문에서는 오악의 중심에 있는 코와, 비록 하는 일은 없지만 무위의 작용을 하는 눈썹을 본래면목에 비유하여 말했다.

당장은 쓸모없어 보이는 눈썹이지만 가장 높은 자리에 위치한 이유는, 하는 바 없이 희로애락으로 본래면목의 작용을 드러내고 있기 때문인 것이다. 유위의 작용을 하는 입·코·눈은 업을 만들지만, 눈썹으로 비유되는 본래면목은 무위의 작용으로 무량한 공덕장을 드러내고 있다. 그렇다 하더라도 입·코·눈이라는 유위의 쓰임새를 여의고 어찌 눈썹이라는 무위의 쓰임새가 있겠는가. 유위와 무위, 유용과 무용이 상즉상입相卽相入할 때에 본래면목이 드러나게 된다. 행함이 없이 행하는 눈썹의 본래면목을 깨달으면 그대의 면목은 안녕하게 될 것이다.

❀

눈썹은 본래 그대로
눈 위에 있다.

익은 것과 설은 것

방온 거사의 임종게이다.

다만 온갖 있는 것들을 비우기를 원하고　　　但願空諸所有
결코 온갖 없는 것들을 채우지는 말라.　　　愼物實諸所無
즐거이 머물다 가는 세간이　　　好住世間
모두 그림자와 메아리 같나니.　　　皆如影響

간화선의 대종장 대혜종고 선사가 『서장』에서 방거사 임종게 가운데 "온갖 있는 것들을 비우기를 원하고, 온갖 없는 것들을 채우지는 말라."라는 구절을 들고서 "다만 이 두 글귀만 알면 일생 참선하는 일을 마치게 될 것이다."라고 극찬하고 있다.

그러면 온갖 있는 것들은 무엇이며, 온갖 없는 것들은 무엇인가. 『서장』에서 대혜는 '수행하는 요긴한 방법'을 묻는 이에게 "익은 것은 설게 하고[生處放教熟], 설은 것은 익게 하라[熟處放教生]."라고 일러 주고 있다.

이것에 대해 뒷날 조익趙翼 선생은 이렇게 부연하고 있다.

"설은 것은 마땅히 익혀 익숙하게 만들고, 익은 것은 마땅히 덜어 생소하게 만들어야 한다. 이것이 마음을 닦는 공부에서 가장 요긴한 방법이다. 간절하게 익혀 나아가면 설은 것은 날로 익숙해지고, 익은 것은 날로 설어지게 된다. 여기에 이르면 공부가 비로소 효험이 있게 된다."

중생들에게 익은 것은 무엇인가? 억천 겁을 윤회하며 익혀 온 업식, 즉 탐진치 삼독은 익은 것이요, 정견과 발심으로 계·정·혜 삼학을 닦아 본분자성을 밝히는 공부는 설기 짝이 없다. 즉 백천만겁으로 익혀 온 업장을 소멸하고, 진여일심을 드러내는 것이 수행의 요체이다.

방거사가 말한 '있는 것과 없는 것'도 마찬가지이다. 중생에게 있는 것이라고는 묵은 업장밖에 없다. 번뇌 망념의 업식을 비우면 된다. 지금까지 없었던 새로운 무엇을 더 보탤 필요는 없다. 다만 무명업식만 비우면 본래부처는 저절로 나타나게 된다.

번뇌를 없애고 보리를 드러내면 된다. 번뇌가 파도이고 보리가 바다(물)라면, 파도를 없애기 위해 파도를 다 걷어 낼 필요는 없다. 파도를 걷어 내면 바닷물도 없어진다. 번뇌가 보리이고, 파도가 바다이기 때문이다. 다만 파도를 일으키는 바람만 잠재우면(비우면) 파도는 그대로 바닷물이다. 파도를 없애려고 하지 말고 파도를 일으키는 바람을 없애면 되듯이, 번뇌 망상을 없애려고 하지 말고 번뇌 망상을 일으키는 무명업식을 비우면 번뇌 망상이 그대로 보리자성이 된다. 비워야 채울 수 있다.

아는 것이 적을 때 번뇌가 적고
아는 사람이 많으면 시비도 많아진다.

누구를 탓하지 않고

다른 사람의 탓을 하는 사람은 가야 할 길이 먼 사람이고
자기 탓을 하는 사람은 반쯤 온 사람이며
그 누구도 비난하지 않는 사람은 이미 도착한 사람이다.

청나라 왕영빈의 『위로야화』에 전하는 말이다. 내가 없음을 증득한 사람은 자타불이自他不二가 되어 온 우주가 텅 빈 하나의 진실상일 뿐이다. 법계가 일상一相이면 나와 네가 없는데, 어디에 내 탓, 남탓이 있겠는가.

『법구경 주석서』의 「떳사 장로와 한쪽 눈을 잃은 사미」 편에도 사바세계에서 가장 아름다운 '탓하지 않은' 이야기가 수록되어 있다.

꼬삼바에서 안거가 끝나고 떳사 장로와 갓 출가한 일곱 살 난 사미는 부처님을 친견하기 위해 길을 떠났다. 한 사원에 들러 장로가잘 방은 마련하였으나, 사미가 잘 방을 구하지 못해 함께 잘 수밖에없었다. 장로는 바로 잠들었지만 사미는 계율을 생각하였다.
'오늘이 스승과 함께 잠을 잔 지 삼 일째이다. 내가 누워 잠들었다

가 해가 뜰 때까지 일어나지 못하면 장로님은 계율을 어기게 된다.'

바일제에 '비구가 구족계를 받지 않은 사미와 사흘 밤 이상을 함께 누워 자면 계를 범하는 것'이라는 계목이 있다. 사미는 스승의 침대 곁에 가부좌를 틀고 앉아 밤을 지새웠다.

새벽이 되자 장로는 자리에서 일어나며 생각했다.

'사미를 깨워서 내보내야겠다.'

장로는 침대 곁에 놓아두었던 부채를 붙잡아 종려나무 잎사귀의 끝으로 돗자리를 두드려 부채를 위로 던지면서 "사미여, 밖으로 나가라."라고 말했다. 그런데 부채의 손잡이가 사미의 눈을 찔러 그만 한쪽 눈이 멀게 되었다.

"존자님, 뭐라고 말씀하셨습니까?"

"일어나서 할 일을 하여라."

사미는 자신의 한쪽 눈이 멀어 버린 사실을 말하지 않고, 여러 가지 소임을 할 시간이 되자 한쪽 눈을 손으로 가린 채 빗자루를 들고 화장실과 세면장을 청소하고 장로가 세수할 물을 떠오고 방을 청소했다.

사미가 한 손으로 장로에게 양치용 나무를 드리자, 스승이 그를 엄하게 꾸짖었다.

"사미가 아직 제대로 교육을 받지 않았구나. 스승에게 어찌 한 손으로 올린단 말이냐?"

"존자님, 저도 어떤 것이 바른 예절인지 잘 압니다. 하지만 한쪽 눈에서 손을 뗄 수 없습니다."

"왜 그러느냐?"

그제야 사미는 장로의 부채 자루에 찔려 눈이 먼 이야기를 했다. 이야기를 듣고 나자 장로는 격한 감정에 휩싸였다.

"내가 어쩌다가 이런 끔찍한 일을 저질렀단 말인가!"

그는 어쩔 줄 몰라 하며 사미에게 말했다.

"나를 용서해다오, 훌륭한 젊은이여. 그것도 모르고 오히려 그대를 꾸짖다니! 나의 의지처가 되어 주시게."

장로가 공손한 태도로 합장하고 일곱 살 먹은 사미의 발아래 엎드리자 사미가 말했다.

"존자여, 이러려고 말한 게 아닙니다. 존자의 오해를 풀어 드리려고 말한 것입니다. 제가 눈이 먼 것은 존자의 탓도 아니고, 제 탓도 아닙니다. 이것은 순전히 윤회의 소용돌이 탓입니다. 존자께서 양심의 가책 받기를 원하지 않습니다."라고 위로했다.

일곱 살 사미는 출가하여 머리를 깎을 때 신체의 다섯 가지 구성성분에 대한 관찰이라는 명상법을 통해 이미 네 가지의 분석적인 앎과 더불어 거룩한 경지(아라한과)를 성취했던 것이다.

이에 감동한 장로는 사미와 함께 부처님께 가서 그 자초지종을 말하고 사미의 덕성을 찬탄했다. 부처님은 이렇게 설했다.

"비구여, 번뇌를 완전히 제거한 사람은 누구를 탓하거나 화를 내거나 증오를 품지 않는다. 그들의 감관은 고요해지고 그들의 마음도 적멸에 든다."

그러고는 게송으로 읊으셨다.

올바른 앎으로 해탈하여 적멸을 얻으면

그의 정신은 적정에 들고 언어와 행위는 지멸한다.

❀

다른 사람을 탓하는 것은
결국 자신이
생사윤회의 소용돌이에 빠져드는 것이다.

가장 비싼 물건

세상에서 가장 귀하고 비싼 물건이 무엇이겠는가? 사람마다 생각이 다르기 때문에 시비가 분분할 것이다. 그러나 물질만능의 세상에서는 싸고 비싼 가치의 기준이 되어야 할 돈이 최고 비싼 것이 되어 버렸다.

어떤 납자가 조산본적 선사에게 물었다.
"세상에서 가장 비싼 물건이 무엇입니까?"
선사가 대답했다.
"가장 비싼 물건은 죽은 고양이 머리니라[死猫兒頭]."

본적 선사가 '죽은 고양이 머리'라고 대답한 의도가 어디에 있는가. 일체의 시비와 사량분별을 일시에 놓아 버렸을 때, 귀하고 천한 것이 어찌 따로 있겠는가. 싸고 비싸다는 것은 분별이다. 분별은 생각이다. 생각이 끊어진 생각 이전 자리에서는 귀하고 천하며, 싸고 비싼 가치 기준이 없다.

분별의 세계에서는 분명 귀하고 천함이 있고, 싸고 비싼 것이 있다. 그러나 분별적 이원성이 사라진 절대 세계에서는 귀천과 존비의 대립이 무너져 버린다. 굳이 중생의 눈으로 보면 높고 낮음, 귀하고 천함이 있다. 번뇌, 생사, 중생 등은 낮고 천하며 보리, 열반, 부처는 높고 거룩하다는 분별이 존재한다. 그러나 부처의 눈으로 보면 번뇌가 곧 보리이고, 생사가 바로 열반이며, 중생이 그대로 부처이다.

눈을 감고 보면 천지 만물이 싸고 비쌈의 시비 분별로써 어지럽다. 그러나 눈을 활짝 열고 보면 두두물물이 존귀하지 않음이 없다. 유정과 무정이 모두 불성을 갖추고 있으니, 부처 아닌 것이 없다. 돼지 눈으로 보면 일체가 돼지로 보이지만, 부처 눈으로 보면 모두가 부처로 보인다. 내가 다른 사람을 보고 대할 때 부처님으로 보고 섬기면 자신도 부처가 되는 것이고, 중생으로 보고 낮추고 얕보면 자신이 아직 중생임이 분명하다.

그러면 본적 선사는 가장 더럽고 쓸모없는 흉물을 어째서 가장 비싸다고 말하는 것일까? 세상에서 가장 비싼 물건이 무엇인가를 묻는 납자에게 굳이 아무 쓸모 없는 '죽은 고양이 머리'를 제시하여 일체 분별의 사량을 차단하고 절체절명의 궁지로 몰아넣는 수단을 사용한 것이다. 묻는 납자의 머릿속에는 이미 나다 너다, 싸다 비싸다, 존귀하다 비천하다는 분별망념이 죽 끓듯 하고 있다. 이런 납자에게는 일체 사량분별을 일시에 부숴 버리는 몽둥이가 약이다.

그래서 뒷사람이 사족을 달기를, "갑자기 찾아온 객에게는 잘 대접할 주인이 없으니[卒客無卒主], 가짜를 드러낼 뿐 진짜를 보여 줄 수 없는 것이다[宜假不宜眞]."라고 하였다. 오직 일념으로 이 공안을 참구하여 가치 없는 가운데 무한한 가치를 발현해야 할 것이다.

다음의 이야기가 전해져 오고 있다.

인도의 브라만학자에게 그 스승이 물었다.

"세상에서 가장 고귀한 것이 무엇이냐?"

학자는 책에서 배운 대로 대답했다.

"그것은 최고의 실재, 세계를 형성하고 전변시키고 있는 영원의 브라만입니다."

그러자 스승은 그의 머리를 휘어잡고 물통 속에 처박았다. 캑캑거리며 허우적대던 그를 꺼내 놓고 다시 물었다.

"세상에서 가장 고귀한 것이 무엇이냐?"

"예, 그것은 숨 쉴 수 있는 공기입니다."

관념과 논리로 만들어 놓은 세계가 얼마나 허망한가. 실재와 괴리된 생각으로 구축된 이원적 세계관에 빠져 그것이 허구인 줄 모르고 살아가는 학자로 하여금 스승은 지금 여기의 실존적 한계 상황에 맞닥뜨리게 하여 이원화의 껍질을 깨부수어 버린다. 이것이 스승의 역할이자, 공안(화두)의 장치이다. 막다른 골목에 이른 개는 높은 장벽을 일시에 뛰어넘는다.

❀

달을 보는 데 정신이 팔려[貪見天上月]

손안의 보석을 잃지 마라[莫失掌中珠].

복과 재앙

재앙이 복을 일으킬 수도 있고, 복이 재앙을 일으킬 수도 있다.
재앙에서 복이 나온다 하는 것은,
액운이 생기려 할 때에 간절히 무사하기를 생각하고
깊이 이치를 구하면 마침내 공경하고 조심하게 되므로
재앙이 마땅히 복이 되어 나타난다.
복에서 재앙이 생긴다 하는 것은,
거처가 편안하고 여유로울 때는 원하는 대로 사치를 부리며
방종하여 교만과 게으름에 빠지며
경솔하고 업신여기는 경우가 많으므로
그로 인해 복은 재앙이 되어 다가온다.
잃는 것이 있으면 얻게 되고, 얻는 것이 있으면 잃게 되니
재앙이 닥쳐도 혼란해 하지 말고 깊이 생각하여 행하고
복스럽게 살 때는 항상 위태로워지게 됨을 염려하여
대비해야 한다.

송나라 때 임제종 영원유청 선사의 법문이다. 복이 오히려 재앙

이 될 수 있고, 재앙이 마침내 복이 될 수 있는 까닭에 수행자는 그 어디에도 집착해서는 안 된다. 재앙이 닥쳐올 때에도 흔들림 없이 온몸으로 재앙을 받아들이되 흔들리지 않고 더욱 정진하게 되면 마땅히 복으로 바뀌게 될 것이다. 반면 복을 수용할 때에도 가벼이 여기는 마음을 떨치고 평상심으로 자중하면 재앙으로 나아가지 않게 된다.

인과의 도리에서 보면 얻는 것이 있으면 잃는 것도 있게 되고, 잃는 것이 있으면 얻는 것도 있게 되기 마련이다. 그러나 인과를 벗어난 해탈의 경지에서 보면 얻었다고 하나 본래 있던 것이요, 잃었다고 하나 본래 없던 것이다. 얻고 잃음에 흔들림이 없는 것은 얻고 잃음이 본래 없었기 때문이다. 인과 속에 사는 것은 중생이요, 인과를 벗어나는 것이 수행자이다.

❀
허공에 새긴 글자는
형상이 없다.

봄을 찾아

종일토록 봄을 찾아 헤맸건만 봄은 보지 못하고　　　盡日尋春不見春
짚신이 닳도록 산 위의 구름만 밟고 다녔네.　　　　　芒鞋踏遍隴頭雲
돌아와 뜰 안에서 웃고 있는 매화 향기 맡으니　　　　歸來笑拈梅花嗅
봄은 이미 가지 끝에 완연한 것을.　　　　　　　　　春在枝頭已十分

　중국 남송 시대 나대경의 『학림옥로鶴林玉露』 권6에 실려 있는 어느 비구니 스님의 오도송悟道頌이라고 전해 오는 게송이다. 밖에서 구하지 말라. 그대 마음이 바로 부처이다. 그래서 선종은 "직지인심直指人心"이라고 가르친다. 부처는 마음 밖에 있지 않다. 마음을 여의고 부처를 찾는 것은 물을 여의고 목마름을 해소하려는 것과 같다. 그래서 밖에서 들어온 것은 보물이 될 수 없고, 안에서 찾은 것만이 보물이라고 말하는 것이다.

　퇴계 이황 선생이 여러 학문에 이끌려 여기저기 돌아다니는 맏손자 안도安道를 경책하며 먹을 갈게 하고 써 준 주자朱子의 경구에도 이와 같은 말이 있다.

우리 집 마당의 단 복숭아나무는 버려두고　　棄却甛桃樹

온 산을 헤매며 신 돌배를 따러 다니네.　　　巡山摘醋梨

물론 주자의『한학漢學』에 나오는 이 구절은 당시 유행하던 선학禪學을 멀리하고, 중국 고유의 유학儒學을 고취할 것을 권장하면서 나온 말이다. 내 것이 소중한 줄 알고 우리 것이 귀한 줄 알아야 된다는 말로 읽힌다. 귀만 귀하게 여기고 눈은 천하게 여긴다는 말이 있다. 즉 멀리 있는 것은 소중하게 생각하고, 가까이 있는 것은 천대한다는 것이니, 자기 자신에게서 찾지 않고 밖에서 구하려고 한다는 말이다.

중생이 본래부처라 함은, 의미의 범위를 줄여서 말하면 자기 자신이 존귀하다는 의미이다. 내가 중생이 아니라 본래부처라면 부처로 살면 된다. 내가 부처면 너도 부처요, 모두가 부처이다. 서로가 서로를 부처로 존중하면 우리가 사는 이곳이 불국토이다. 공연히 밖을 기웃거리며 헐떡거리지 말아야 한다. 그래서 조주 선사도 "철불은 용광로를 지나가지 못하고, 나무부처는 불을 지나가지 못한다."라고 말하면서, "바깥의 부처가 참부처가 아니요, 내 안의 부처가 참부처이다."라고 설하였다.

밖으로 삼계 사생 육도를 천만 번 나고 죽어 오늘에 이르렀지만, 안으로 참마음 자체는 한 번도 나고 멸한 적이 없음을 알아야 한다. 의상 조사가 말하길, "가도 가도 본래 그 자리[行行本處], 나아가고 나아가도 출발한 그 자리[至至發處]"라고 하였다. 꿈속에서 온 천지를 돌아다녔지만 꿈을 깨고 보면 한 발짝도 움직인 적이 없다. 끝없는 생사윤회 가운데서 단 한순간도 부처를 잃은 적이 없다.

❀

꽃 피는 봄을 기다리지 말라.
내가 봄빛이 되면
꽃은 저절로 핀다.

청출어람

암두 선사가 스승 덕산 선사에게 하직 인사를 올렸다.

"그대는 어디로 가는가?"

"잠시 화상을 하직할 뿐입니다."

"그대는 뒷날 어찌 하겠는가?"

"잊지 않겠습니다."

"이미 그렇다면 어찌 나를 인정하지 않는가?"

"어찌 들어 보지 못했습니까? '지혜가 스승을 뛰어넘어야 비로소 스승의 가르침을 전할 수 있으며, 지혜가 스승과 가지런하면 스승의 덕을 반감하게 됨을 두려워할 것'이라는 말씀을요."

"그렇고 그렇다. 마땅히 잘 호지하도록 하라."

어느 스승이 제자가 자기보다 못하기를 바라겠는가. 무명의 촌로라 하더라도 자식이 자기보다 더 뛰어나기를 바라는 것이 인지상정이다. 이를 고사에서는 '청출어람靑出於藍'이라고 한다. "지혜가 스승을 뛰어넘어야 비로소 스승의 가르침을 전할 수 있으며, 지혜가 스승과 가지런하면 스승의 덕을 반감하게 된다."라는 암두 선사의 말은 선가禪家에서 회자되는 청출어람의 소식이다.

『순자』「권학」에 이르기를, "군자는 말한다. 학문이란 중지할 수 없는 것이다. 푸른색은 쪽에서 취한 것이지만 쪽보다 푸르고, 얼음은 물이 얼어서 된 것이지만 물보다 차다." 스승이 제자를 가르치니, 제자는 청출어람의 인재가 되어 도리어 스승을 능가하게 되는 것이다. 예로부터 가르치는 것이 배우는 것이요, 배우는 것이 가르치는 것이라 하여 교학상장敎學相長이라는 말이 생겨났다.

북위 시대 이밀이라는 선비는 어려서 공번을 스승으로 삼아 학문에 정진했다. 몇 년을 수학하고는 제자의 학문이 스승을 능가하게 되었다. 그러자 스승인 공번은 제자에게 더 이상 가르칠 것이 없다고 말하고, 도리어 제자를 스승으로 삼기를 청했다.

이때 동문들이 이렇게 시를 지어 찬양했다.

푸른색이 쪽에서 나왔지만	靑成藍
쪽이 푸른색보다 옅다네.	藍謝靑
어찌 항상한 스승이 있겠는가.	師何常
경전을 밝게 아는 데 있는 것이지.	在明經

예로부터 '배우는 데는 고정된 스승이 없다[學無常師].'라고 하였다.

고령신찬 선사가 은사 계현 법사를 떠나 백장 회상에서 선지를 체득하고 다시 돌아와 스승을 시봉하고 있었다. 어느 날 신찬이 불법의 대의를 깨쳤다는 사실을 알게 된 은사는, 대중에게 알리고 제자를 법상에 모시어 스스로 예를 다해 법을 청했다. 제자가 설한 백장의 심지 법문을 듣고 은사는 문득 법안이 열리게 되었다. 감탄하여 말하길, "내 만년에 이런 지극한 법문을 들을 줄 누가 알았겠는가." 먼저 깨달은 제자가 스승의 은혜를 갚기 위해 스승을 깨우치게 하니, 스승은 도리어 제자가 되어 공경히 법을 받드는 향기로운 선문고사가 아닐 수 없다.

조선 시대의 숭유억불 정책에 의하여 출가 승단의 계맥이 희미해지게 되었다. 이에 지리산 칠불사에서 금담 장로와 그의 제자 대은 스님은 서상수계瑞相受戒로 계맥을 전승하기로 하였다. 아자방에서 7일간 용맹 기도를 하자 제자인 대은 율사의 이마에 상서로운 빛이 내리고 저절로 향에 불이 붙어 자서수계自誓受戒가 이루어졌다. 이때 스승 금담은 제자인 대은을 전계의 스승으로 모시고 단절된 조선의 계맥을 전수받게 되었다. 대은 → 금담 → 초의 → 범해 → 선곡 → 용성으로 계승되어 오늘에 이르게 되었으니, 이것이 바로 한국 자생의 칠불계맥이다. 이 또한 스승에 의해 제자가 스승이 된 상서로운 청출어람의 불사이다.

❀

자식이 아비보다 부족하면
그 가문은 한 세대에 쇠퇴한다.

나이가 몇이오?

어떤 사람이 영수여민 선사에게 물었다.

"화상의 연세는 얼마입니까?"

"오늘 태어나서 내일 죽는다."

"화상의 고향은 어디십니까?"

"해는 동쪽에서 뜨고, 달은 서쪽에서 진다."

측천무후가 혜안 국사에게 나이를 물었다.

"알지 못합니다."

"어째서 알지 못합니까?"

"생사의 몸은 순환하는 것과 같으니 둥근 원에는 시작과 끝이 없는데 무엇 때문에 기억할 필요가 있겠소. 따라서 이 마음도 흐르는 물과 같아 흐름에 간격이 없습니다. 물거품이 일어나고 없어지는 것을 보는 자도 망상일 뿐이니 무슨 연월을 기억할 필요가 있겠습니까."

순간순간 태어나고 찰나 찰나에 죽는 것이 생사이다. 분단생사分

段生死에 고착된 범부의 입장에서는 햇수를 따지고 나이를 묻지만, 일념이 공한 일념생사一念生死에서는 애초에 시간과 나이를 물을 수가 없다. 그러니 "오늘 태어나서 내일 죽는다."라고 말하고, "둥근 원에는 시작과 끝이 없다."라고 말하는 것이다.

숭악의 혜안 국사는 신수 선사와 함께 홍인의 제자로서 북종을 대표하는 선사이다. 신수 국사의 천거에 의해 측천무후의 부름을 받고 국사가 되었다. 처음 궁중에 들어가 공양을 받고 이어 목욕을 할 때 무후가 몰래 지켜보며 시험을 하였다. 목욕탕 안에서 알몸의 궁녀를 시켜 시중을 들게 하였는데, 선사는 홀로 태연히 딴 뜻이 없거늘 무후가 찬탄하며 말하였다.
"물에 들어가서야 비로소 위대한 사람인 줄 알겠구나!"

사량분별의 망상은 마치 물거품과 같다. 물거품과 같은 생사윤회의 세계를 초월하여 소요자재하는 선사는 일체 경계에 움직임 없이 초연할 뿐이다. 권력과 물색 앞에 당당하고도 초탈한 선경禪境을 보여 주고 있다.
"선사가 홀로 태연히 딴 뜻이 없었다."라고 한 것은 다만 스스로가 경계를 대하여 무심하면 만물에 둘러싸여도 항상 방해받지 않는다는 뜻이다. 경계를 당하여 마음을 일으키지 않음을 '심불기心不起'라고 한다. 예로부터 경계를 대하여 마음을 일으키지 않는 자를 일러 진정한 선사라고 하였다. 생사를 여의어 출격장부가 되고자 하는 사람은 모름지기 일체 경계에 움직임이 없어야 한다.

이른바 "물에 들어가서야 비로소 위대한 사람인 줄 알았다."라고 한 것은, 경계 없이 홀로 고요한 것을 귀하게 여기지 않고, 오로지 경계가 주어졌을 때 경계에 동하지 않는 자가 참으로 위대한 사람이라는 말이다. 일체의 경계가 물거품이 기멸함과 같이 허망함을 깨달았기에 이 몸 또한 물거품에 지나지 않는다. 아무리 궁녀의 아름다운 자태일망정 한낱 물거품 덩어리가 아닌가.

이 일화는 종문에 오랫동안 회자되었던 것 같다. 위산이 제자 앙산에게 이 이야기를 거론하며 말하기를, "이러한 때에는 철불鐵佛이라도 땀을 흘렸을 것이다."라고 후학을 경책하고 있음을 볼 수 있다. 어떤 이가 나에게 나이를 묻는다면 허공을 가리키며, 지금 태어나서 지금 죽는다고 말해야 되겠지.

❀
물고기는
강과 호수를 잊고 산다.

눈으로 눈을 볼 수 없고
물로 물을 씻을 수 없다.

업식이 다하지 않아

어느 날 조주 선사께서 여가 중에 도량 주위를 포행하고 있었다. 마침 그 앞으로 토끼가 달려갔다. 옆에서 학인이 묻기를, "화상께서는 선지식이신데, 어째서 토끼가 도망가 버립니까?"라고 하였다. 조주 선사가 말하길, "노승은 살생을 많이 했기 때문이니라."라고 하였다.

훗날 평창評唱에 이르기를, "대중아, 어떻게 알아차렸느냐? 만약 추호라도 알음알이를 일으킨다면, 나귀의 해가 되어서야 비로소 알아차리게 될 것이로다."라고 하였다.

몇 해 전에 있었던 일이다. 하안거를 해제하고 어느 날, 젊은 거사와 함께 시골 동네를 걸어가고 있었다. 마침 좌우 양쪽 집에서 묶인 개들이 사정없이 짖어대고 있었다. 거사가 물었다.

"스님, 개들이 스님을 몰라보는 것 같습니다. 왜 저렇게 한사코 짖어댈까요?"

"그대도 나를 모르고 나도 나를 모르는데 이류중생이 어떻게 나를 알겠느냐."

"그래도 오랜 세월 도를 닦은 큰스님은 알아보아야 되는 것 아닙니까?"

"아직 살생의 업식이 다하지 않았기 때문이겠지. 마음껏 짖게 내버려 두어라. 개는 짖는 것이 자기 본분이 아니겠는가."

나는 가만히 있는데 상대가 공연히 욕하고 화를 내면서 덤벼든다면, 잘못이 누구에게 있겠는가? 세상의 잣대로 보면 상대에게 그 잘못이 있는 것 같기도 하다. 그러나 인과의 도리로 곰곰이 생각해 보면 어찌 그만의 잘못이겠는가. 나의 업식에 저장된 카르마가 아직 녹지 않았기에 그 과보를 받고 있지 않는지 자세히 살펴보아야 할 것이다.

"살생을 많이 했기 때문"이라는 조주 화상의 격외의 선지를 범부로서는 측량할 수 없지만, 알음알이로 천착하고 살아가는 중생의 입장에서 생각해 보면, 옛 조사는 수행 중에 온갖 새들과 짐승들이 꽃을 물어 오고 맹수가 공손히 법문을 듣곤 하였다는데, 어찌 수행자가 자비심 충만하게 걸어가는데 뭇짐승이 도망가고 결사적으로 짖어대는 것이 분명 떳떳한 모습은 아닌 것 같아 부끄러울 때가 많다.

나의 모습을 보는 이는 환희심이 일어나고, 나의 말을 듣는 이는 발심하여 도업을 이루기를 발원한다. 사람에서 미물에 이르기까지 일체 생명이 나로 인해 발심수행하여 미타의 대원해大願海에 함께하기를 기도한다. 나무아미타불.

❀

세상의 모든 허물은 나의 허물이다.
남에게 그 책임을 전가하지 말라.
이 세상 어디에도 남은 없다.

마음과 세계

마음은 스스로 마음이 아니며
그것은 반드시 색(대상)으로 인하여 일어난다.
이것을 색계色界라고 한다.
색 또한 스스로 색이 아니며
반드시 마음으로 인해서 나타난다.

『이입사행론잡록』에 나오는 말이다. 눈에 보이는 일체의 세계(대상, 형상)는 모두 마음이 드러난 것이다. 마음 또한 대상이 나타난 것에 불과하다. 마음은 스스로 마음이 아니라 세계에 의한 마음이요, 세계 역시 스스로 세계가 아니라 마음에 의한 세계이다. 세계를 반연한 마음 자체에는 실체가 없으므로 마음이 공이요, 마음으로 반연한 세계 자체도 실체가 없으므로 세계도 공이다.

마음으로 인하여 나타난 세계는 공이므로 생겨나도 생겨난 바가 없다. 세계로 인해 일어난 마음도 또한 공이므로 일어나도 일어난 바가 없다. 이 도리를 깨달으면 마음에도 집착할 것이 없으며, 세계에도 집착할 것이 없게 된다. 다만 때에 따라 일하고 잠자고 먹고

쉬고 인연 따라 자재하면서 부처의 소질을 키워나가면 된다. 이것
외에 아무 일도 없다.

옛 스승이 말했다.

"경계를 만나면 곧 생겨나고, 경계가 없어지면 곧 사라진다. 인연
에 걸리어 장애가 되지 않으면, 이미 생겨났다 해도 생겨난 것이 아
니다. 생겨나지 않은 것에 *끄*달려 공력을 허비하지 말라."

이러한 심지를 갖추어야 비로소 좌선인坐禪人이라 할 수 있다.

❀

흐름에 따라 미묘한 경지를 체득해야 한다.
언덕 위에 있으면 도리어 미혹하게 된다.

.

이렇게 오고 간다

조선 말, 전라도 지방에 큰스님 두 분이 계셨다. 고창 선운사의 영산影山 선사와 전주 송광사의 허주虛舟 선사이다. 영산 스님은 선禪에 밝은 도인이었고, 허주 스님은 교教에 밝아 사교입선捨教入禪한 선지식이었다. 두 어른 모두 많은 제자를 거느리며 대중을 지도하고 있었다. 그러나 두 사람은 서로 만나 보지는 못했다.

어느 날 영산 스님이 선운사를 떠나면서 이렇게 읊었다.

천하가 태평한 봄이라	天下太平春
사방에 할 일이 없네.	四方無一事
이것이 바로 나 아닌 누구인가.	是非我而誰
산 노을로 아침을 지어 먹고	山霞朝作飯
넝쿨에 걸친 달로 등불을 삼으니	蘿月夜爲燈
이것이 나를 가리키는 말이다.	是指我而言

마침 허주 스님도 송광사를 떠나 정처 없이 길을 나서며 시를 읊었다.

사방을 둘러보아도 친한 이가 없고	四方無與親
육방을 살펴보아도 소원한 이가 없네.	六方無與疎
걸음걸음마다 그림자 남기지 않아	步步無遺影
가도 가도 참으로 빈 배로다.	行行眞虛舟

산 넘고 물 건너 작대기 하나에 바랑 하나 짊어지고 행각에 나선 두 도인은 인연 닿는 곳마다 유정有情·무정無情 설법으로 산천초목과 인천대중을 위해 응기접물應機接物로 제도의 손길을 펼쳤다. 두 스님이 떠돌다 발걸음이 멈춘 곳은 공교롭게도 전주에 있는 한 사찰이었다. 마침 이 절에서 49재를 올리고 있었는데 평소에 흠앙欽仰하던 두 분 도인 스님을 한날한시에 모시게 되었으니 경사가 아닐 수 없었다.

마침 재주齋主가 두 분 스님께 "우리 어머니를 위해 영가 법문을 좀 해 주십시오."라고 간청했다. 그러자 먼저 영산 선사가 법상에 올라가 영단을 향해 한참 동안 묵묵히 양구良久하다가 입을 열었다.

옛사람도 이렇게 갔고	古人如是去
지금 사람도 이렇게 갔도다.	今人如是去

다음 허주 선사도 법상에 올라갔다. 스님은 영단을 향해 앉아 아무 말 없이 고개만 끄덕이다가 내려왔다. 재주가 다시 청하였다.

"스님, 한마디 법을 일러 주십시오."

이때 허주 선사는 돌아서서 선 채로 이렇게 말했다.

미래 사람도 이렇게 갈 것이다.　　　　　　　　未人如是去

　　겉으로 듣기에는 너무나 싱거운 법문이다. 그러나 지고지상의 해
탈법문이었다. 태어날 때 어디로 좇아 왔으며[生從何處來], 죽을 때 어
디로 향해 가는가[死向何處去]? 이것이 누구나 가지고 있는 생사화두
生死話頭이다. "이렇게 왔다, 이렇게 가는 것"이 일대사一大事인 것을.
어디 한번 일러 보소. 무슨 물건이 이렇게 왔다, 이렇게 가는가? 옛
조사는 설하기를, "와도 온 바가 없으니 무생無生의 생이요, 가도 간
바가 없으니 무사無死의 사로다."라고 하였다.

　　생사가 본래 없는[本無生死] 도리를 깨치기 위해서는 먼저 생사가
없는 도리를 알아야 하고[知無生死], 다음 생사가 없는 도리를 깨달아
야 하고[悟無生死], 구경에 생사에 자재하여 활용할 수 있어야 한다[用
無生死]. 이것이 진정한 생사해탈이요, 생사자재이다. 수행자는 '무
상신속無常迅速, 생사사대生死事大'의 여덟 글자를 가슴에 새기고, 완
전한 생사해탈, 구경열반을 위해 여구두연如救頭燃의 자세로 살아야
한다.

❀

이렇게 왔다 이렇게 가지 않는
한 물건이 있으니
이 한 물건이 무엇인가?

옛사람 그대로

옳고 그름 모두 상관하지 말게나.	是是非非都不關
산은 산대로 물은 물대로 스스로 한가하네.	山山水水任自閒
서방정토 극락세계를 묻지 마소.	莫問西天安養國
흰 구름 걷히면 청산인 것을.	白雲斷處有靑山

임제 선사의 게송이다. 복잡한 인간사 어찌 시비是非가 없으랴. 맹자는 일찍이 "옳고 그름을 가릴 줄 모르면 사람이 아니다."라고 하였다. 그렇다. 시是와 비非는 분명하게 가려야 한다. 옳고 그름을 분명하게 가리되 그것에 빠져들지 말아야 한다. 옳고 그름에 상관하지 말라는 말은 시비를 판단하지 말라는 것이 아니라, 그 시비를 따라가 휘말려 들지 말라는 말이다.

휘말려 들지 말라는 말은 결코 옳고 그름에 무관심하게 행동하지 말라는 의미가 아니라 늘 옳고 그름에 깨어 있으라는 말이다. 그래서 경전에도 견문각지見聞覺知를 잘 분별하되 그 분별을 따라가지 말라고 가르치고 있다. 그래서 잘 분별함이 선분별善分別로서 지혜의 발현이며, 분별을 따라가지 않음이 불수분별不隨分別로서 선정의 이룸이라고 말하고 있다.

아무리 잘 분별했다 하더라도 아리야식의 지향을 받고 있는 육
식의 판단은 오염에 흐려질 수 있으므로 절대의 시와 비를 세울 수
는 없다. 그러하니 더더욱 시비를 따라가서 경계에 휘말려 집착할
필요가 없다. 그래서 옳으면 옳은 대로, 그르면 그른 대로 상관하지
말라고 하는 것이다. 산은 물을 시비하지 않는다. 마찬가지로 물은
산을 시비하지 않는다. 곧으면 곧은 대로 굽으면 굽은 대로 흘러갈
뿐이다.

서방정토가 어디냐고 묻지 말라는 것은 있는 그 자리가 정토라
는 뜻이다. 그래서 내 마음 가는 곳에 부처님이 계시니[心處存佛], 이
치와 일마다 불공하라[理事佛供]고 말하는 것이다. 예토穢土의 오염을
걷어 내면 예토 그대로 정토淨土가 되는 것이다. 내가 살고 있는 그
자리가 정토임을 자각하는 것이 선불교의 가르침이다.

아무리 청산이 구름으로 장엄한들 청산은 그대로 청산일 뿐이다.
흰 구름이 청산을 뒤덮어도 청산은 그 모습 그대로이다. 다만 흰 구
름에 가려 청산이 보이지 않을 뿐이다. 바람 불어 흰 구름 걷히면
청산은 옛 청산 그대로이다. 사람도 마찬가지로 탐진치 삼독의 업
식만 걷어 내면 옛사람 그대로 본래부처이다.

눈이 천 개인 관자재보살은 등불을 빌리지 않는다. 또한 눈이 없
는 사람도 등불을 빌리지 않는다. 온몸이 눈이기 때문이다. 온몸 그
대로 법신이요, 온 마음 그대로 비로자나(광명)이다. 부디 밖에서 찾
지 말고, 있는 그대로 온전함을 깨달으소서.

새는 숲에 깃들이기 쉽지만
사람은 시비를 벗어나기 어렵다.

잃은 것이 없다

육조 혜능 선사가 열반에 이를 즈음, 희천이라는 사미가 선사에게 여쭈었다.

"화상께서 열반에 드신 뒤에 누구에게 의지하리까?"

육조가 대답했다.

"'생각 사思' 자를 찾아가라."

조사가 세상을 떠난 뒤, 희천이 매일 조용한 곳에서 단정히 앉아 죽은 듯이 고요하게 정진하니 제1좌가 물었다.

"그대의 스승은 이미 가셨는데 공연히 앉아서 무엇을 하느냐?"

"제가 부촉받기를, '생각 사思' 자를 찾으라 하였습니다."

"그대의 사형 중에 행사行思라는 이가 있는데 지금 길주에 있다. 그대의 인연은 거기에 있다."

희천이 이 말을 듣고 육조의 탑에 절하고 물러나 곧바로 정거사에 가니 행사 스님이 그에게 물었다.

"어디서 오는가?"

"조계산에서 왔습니다."

"무엇을 얻으러 왔는가?"

"조계에 가기 전에도 잃은 것이 없습니다."

"그렇다면 조계에는 무엇 하러 갔는가?"

"조계에 가지 않았던들 어찌 잃지 않은 줄 알았겠습니까."

희천이 또 물었다.

"조계 대사께서도 화상을 아셨습니까?"

행사 스님이 대답했다.

"그대는 지금 나를 아는가?"

"아는데 어찌 또 알아보겠습니까."

"여러 짐승의 뿔이 많으나 기린의 뿔 하나로 만족한다."

이로 인해 희천은 청원행사의 상족이 되어 석두종을 형성하였으며, 훗날 청원행사 · 석두희천의 문중에서 오가종파 가운데 조동종, 운문종, 법안종이 설립되었다.

"무엇을 얻으러 왔는가?"라는 물음에, "조계에 가기 전에도 잃은 것이 없다."라고 대답한 것은, 도는 얻고 잃는 것 없이 본래 원만구족되어 있음을 천명하는 바이다. 부처라고 해서 얻은 것도 아니요, 범부라고 해서 잃은 것도 아니다. 그래서 "얻을 바 없음을 깨닫는다[悟無所得]."라고 말하는 것이다.

얻을 것도 없고, 잃을 것도 없다면 굳이 힘들여 무엇 하러 조계에 갈 필요가 있겠느냐는 물음에 대해, 조계에 가서 선지식의 가르침을 받고 나서야 비로소 얻을 것도 없고, 잃은 것도 없다는 도리를 깨달을 수 있었다는 말이다. 본래 갖추고 있었지만 선지식의 가르침을 지시받은 후에야 알 수 있음을 명시하고 있는 것이다. 중생이 본래부처이지만 불보살과 선지식의 가르침에 의해 알 수 있고 수행할 수 있고 깨달을 수 있는 것이다.

❀

물은 본래 맛이 없지만
차를 만나면 향기가 난다.

도솔삼관

첫째, 번뇌의 숲을 헤치고 눈 밝은 선지식을 찾아 수행하는 것은 오로지 견성하고자 함인데, 바로 지금 그대의 성품은 어디 있는가?

둘째, 자성을 깨달으면 바야흐로 생사를 벗어날 수 있다는데, 그대의 눈빛이 땅에 떨어질 때 어떻게 생사를 해탈할 것인가?

셋째, 생사를 해탈하면 어디로 가는지 알 것이다. 사대[地水火風]가 흩어질 때 어디로 향해 가는가?

도솔종열 선사는 납자들에게 세 가지 관문을 설치하여 제접하였다. 이것을 도솔삼관兜率三觀이라 한다. 첫 번째 관문은, 선수행의 본질인 견성성불見性成佛 즉 자신의 본래 성품을 보는 것이다. 이 본래 성품이 지금 어디 있느냐고 다그치고 있다. 두 번째 관문은, 자신의 본성을 깨치고 나면 생사로부터 해탈할 수 있다. 견성하지 못하고 미적대다가 정작 죽음이 닥칠 때 어떻게 생사의 굴레를 벗어나려는가? 세 번째 관문은, 생사의 굴레를 벗고 나면 어디서 왔다가 어디로 가는지를 알게 된다. 사대가 각각 흩어지고 신명이 무너질 때 그대는 어디를 향해 가는가?

참선이란 생사를 요달了達하는 것이다. 생사가 곧 본분사本分事이며, 일대사一大事이다. 생사를 해결하지 못하고서는 윤회의 고통을 벗어날 수 없다. 사람이 이 세상에 태어난 것은 생사 문제를 해결하기 위함이다. 따라서 선문에서는 '생사대사生死大事가 일대사인연'이라고 말하고 있다. 그러므로 도솔삼관은 수행자가 반드시 통과해야 할 관문이다.

중생이 본래부처라고 하니 자기 성품을 깨달아 본래부처를 확인하면 생사가 해결된다. 그리고 조사가 말하기를, "성품은 작용하는 데 있다[性在作用]."라고 하였으며, 견문각지가 성품의 드러남이라고 하였다. 혹시 '지금 십이시十二時 가운데 작용하는 성품을 여실히 보고 있다면 바로 견성이 아닌가?'라고 말하는 사람이 있다면 이 사람은 '귀만 성불'한 사람이다. 귀만 성불했다는 말은 법문을 많이 들어서 머리로만 견성하고 귀로만 성불했다며 경책하는 말이다.

머리로만 견성하고 귀로만 성불한 사람은 결코 생사를 해탈할 수 없고, 죽음을 당해서 혼비백산할 때 일심불란一心不亂의 경지가 될 수 없다. 자기의 본래면목을 온몸으로 체득하지 않고서는 생사의 굴레를 벗어날 수 없다. 죽음은 저 산 너머의 일이 아니다. 지금 이 순간이 바로 임종시臨終時요, 열반당涅槃堂이라는 발심으로 공부해야 한다.

생사를 해탈한다는 것은 나고 죽고 오고 감의 일체시 일체처에 자재하다는 것이다. 생사자재라는 것은 살아서 삶에 자재하고 죽어서 죽음에 자재하다는 말이다. 보살은 생사를 싫어하지 않아 생사를 여의지도 않고, 열반을 좋아하지 않아 열반을 성취하지도 않는다. 그러나 이것을 알음알이로 아는 것은 생사해탈하고는 거리가 멀다. 철저히 생사의 관문을 통과하여야만 한다. 화두에 온몸으로 부딪치고 온 마음으로 실참實參하고 실오實悟해야 한다.

도솔삼관에 대해 무문혜개 선사는 이렇게 송하고 있다.

한 생각이 두루 무량겁을 꿰뚫어 보니	一念普觀無量劫
무량겁의 일이 바로 지금의 일이로다.	無量劫事卽如今
지금 이 한 생각을 꿰뚫어 볼 수 있다면	如今覷破箇一念
바로 그 꿰뚫어 보는 자를 꿰뚫어 볼 수 있으리.	覷破如今覷底人

수행이란 일념상의 문제이다. 일념을 꿰뚫어 일념의 체용에 자재함이 생사해탈이다. 꿰뚫어 보는 자를 돌이켜 꿰뚫어 볼 수 있는 안목을 갖추자.

✤

맑은 날씨라고 좋아하지 마라.
소낙비가 머리 위에 쏟아지는 날을 기다리는가.

진심 한 번 내었다가

표충사 해산수진 선사가 사부대중에게 설법했다.

"금강산 돈도암에서 홍도 스님이 문턱을 베고 누웠다가 밖을 내다보니, 부엌에서 뱀 한 마리가 나왔다. 그런데 스님을 보고 하소연하는 듯한 몸짓을 하더니 부엌에 있는 재를 수없이 물어다가 가져다 놓고는 꼬리로 글을 썼다.

'나는 옛날에 이 암자의 주지(돈도頓道)였다. 다겁으로 수행하여 성불할 때가 가까웠는데, 바람에 문이 닫혀 머리를 치기에 얼마나 아픈지, 진심嗔心 한 번 내었다가 이런 몸을 받았도다.

金剛山 頓道庵記 我昔比丘住此庵 多劫修行近成佛 淸風吹打病中席 一起嗔心受此身.'

그러니 이 글을 널리 유포하여 다른 사람은 이 업보를 받지 않도록 해달라고 했다."

내가 지은 죄악업이 어디로 좇아 왔는가. 모두가 시작 없는 탐진치 삼독에서 비롯되어 신구의 삼업으로 지어 왔다. 『금강경』에 가리왕이 인욕 선인의 몸을 마디마디 잘랐을[割截身體] 때, 아상·인상·중생상·수자상이 없었다고 설하고 있다. 다시 말하면 온몸이 마디마디 잘려 나갈 때에도 미워하거나 원망하는 분노심을 일으키지 않았다는 것이다. 인욕바라밀이란 참을 것이 있어 참는 것이 아니라, 참을 것이 없는 참음을 말하는 것이다.

화가 안 날 때는 화를 안 내지만, 화가 한 번 일어나게 되면 화 안 내려는 것을 모두 잊어버리게 된다. 탐진치로 인해 한 생각 일으킴이 본래 공한 도리에 사무치지 않고서는 경계에 휘둘려 자기도 모르게 화를 내게 된다. 수행을 많이 한 수행자가 진심 한 번 내고 축생보를 받았다는 고사는 절절한 활구로 다가온다.

해산 선사는 이 법문에서 금강경 사구게 '범소유상凡所有相 개시허망皆是虛妄'이라는 구절을 "울긋불긋 겉모양에 속지 말지니, 모두모두 거짓이요 헛된 것일세."라고 새기고 있다. 선사는 준엄하게 경책하고 있다.

"이 세상은 꼭두각시 세상이다. 꼭두각시 세상에 꼭두각시 사람이 꼭두각시 아이를 낳아 놓으니 수족이 분명하다."

설사 수족이 분명한 전륜성왕인들 꼭두각시 인생살이, 꼭두각시 놀음놀이를 벗어날 수 있겠는가. 꼭두각시가 탐욕을 부린들, 진심을 낸들, 어리석은들 무슨 자취가 있겠는가.

깨어 있고 열려 있어야 한다.

❀

한 번 웃으면 도솔천이요,
한 번 화내면 아수라천이다.

풍문으로 평하지 마라

『종문무고』에 도솔종열 선사가 득법한 기연을 이렇게 수록하고 있다.

종열은 젊어서부터 식견이 빼어나고 행실도 남달랐기에 일찍이 따르는 대중들이 많았다. 여러 납자들의 상수가 되어 천하 선림을 행각하던 중에 운개산 지화상의 처소에 이르렀다. 지화상은 몇 마디 나눠 보지도 않고 고개를 돌리며 피식 웃으면서 말했다.

"내 수좌를 가만히 살펴보니 기질이 남다른 구석이 있구먼. 그런데 왜 하는 말은 꼭 술 취한 사람 같을까?"

이 말을 들은 도솔은 얼굴이 화끈 달아오르고 온몸에 식은땀이 흘렀다.

"스님, 제가 드린 말씀에 어떤 허물이 있습니까? 부디 자비를 베풀어 주십시오."

지화상이 도솔 선사의 허물을 하나하나 지적하였다. 한마디 한마디가 송곳처럼 가슴팍을 찔렀다. 장강의 물결처럼 유창하게 말하던 도솔의 입이 딱 붙어 버렸다.

"스님, 저를 제자로 받아 주십시오."

지화상이 손을 내저으며 말했다.

"자네를 담기에 내 그릇이 너무 작아."

그러고는 잠시 생각에 잠겼다가 말을 이었다.

"동산의 극문 화상은 어떠한가?"

종열이 손을 내저었다.

"그 관서 놈은 골이 비었습니다. 속옷을 질질 끌며 지린내나 풍기는 놈에게 무슨 그럴싸한 구석이 있겠습니까?"

험악하게 인상을 쓰며 악담을 늘어놓는 종열에게 지화상이 타일렀다.

"풍문으로 사람을 평해서야 되겠나. 지린내가 풀풀 풍긴다는 그곳으로 일단 찾아가 보게."

종열은 지화상의 지시에 따라 진정극문 선사를 만나고 다시 운개산으로 돌아왔다. 지화상이 반기며 손을 내밀었다.

"그래 직접 만나 보니 어떻던가? 오줌싸개 어린애던가?"

종열은 옷깃을 여미며 말했다.

"경솔했습니다. 화상께서 지시해 주지 않으셨다면 평생 헛되게 살 뻔하였습니다."

종열은 지화상을 하직하고 극문 선사 문하에서 참학하여 입실제자가 되었고, 안팎의 추천으로 녹원사 주지가 되었다.

녹원사 뒷방에는 대중들과 별로 소통하지 않고 볼품없이 지내던 청소清素라는 노장님이 한 분 계셨다. 어느 여름날, 남방 과일인 여지荔枝를 드렸더니 평소에는 무표정하던 노장이 반색하며 좋아하였다.

"스승께서 돌아가신 뒤로는 맛볼 일이 없었는데…. 고맙소."

종열이 물었다.

"노스님의 스승은 누구십니까?"

"자명慈明 스님이라오. 한 13년 시자를 살았지."

도솔은 깜짝 놀랐다. 초원자명楚圓慈明 선사를 13년이나 곁에서 모셨던 분인데 그 이름을 한 번도 들어본 적 없는 것이 이상했다. 자명 선사는 도솔의 노스님인 황룡혜남 선사의 스승이니 곧 상노스님이 아닌가. 그날 이후 종열은 자주 문안을 드렸다.

어느 날 노스님이 먼저 입을 열었다.

"주지스님은 어느 분 제자이신가?"

"진정극문 선사의 제자입니다."

"극문 선사는 어느 분 제자이신가?"

"황룡혜남 선사의 제자이십니다."

노스님이 활짝 웃으며 손뼉을 쳤다.

"납작머리 혜남의 가문이 이렇게나 번창했구나."

종열은 또 한 번 놀랐다. 감히 자신의 노스님인 혜남 스님의 별명을 그리 쉽게 들먹이는 사람은 본 적이 없었다. 자명 스님의 고족 제자임을 눈치챈 종열은 향을 피워 절을 올렸다.

세월이 흘러 어느 가을날, 청소 스님이 드디어 종열의 절을 받았다.

"스승이신 자명 스님께서는 나에게 설법하지 말라고 당부하셨네. 하지만 오늘 그 유훈을 깨야겠구먼. 자네가 평생 공부해서 얻은 바를 나에게 말해 보겠나?"

종열 선사는 자신이 깨달은 바를 낱낱이 고해 바쳤다. 청소 스님은 지그시 눈을 감고 중얼거렸다.

"부처 세계로 들어갈 수는 있지만, 마귀 세계로는 들어갈 수 없겠군."

"무슨 말씀이십니까?"

"낙보산 원안 선사께서 말씀하지 않으셨나. 최후의 한마디[末後一句]를 깨달았을 때 비로소 견고한 관문에 도착하는 법이야. 막다른 길도 없는 길목을 점령한 그 관문에서는 범부도 통과시키지 않고 성인도 통과시키지 않아. 그 관문을 훌쩍 뛰어넘은 자는 어떨지 궁금한가? 부처와 조사의 견해를 이마에 붙이고 다니지 말게나. 신통한 점괘를 등짝에 짊어진 영험한 거북 꼴 나지 말게. 죽음을 자초하는 짓이야."

등골이 서늘했다. 종열 선사는 번다한 주지 소임에도 불구하고 매일 참문하기를 게을리하지 않았다.

어느 겨울날, 청소 스님이 드디어 종열 스님을 인가하였다. 향을 사르고 제자의 예를 올리는 종열에게 청소 스님이 신신당부하였다.

"극문이 자네에게 가르쳤던 게 모두 올바른 지견이야. 다만 자네가 스승 곁을 너무 빨리 떠나는 바람에 그 오묘함을 완전히 체득하지 못했던 것이지. 난 자네 눈에 낀 작은 먼지 하나 떼어 줬을 뿐이야. 그러니 절대로 어디 가서 내 이름은 들먹이지 말게. 자네 스승은 극문이야."

종열 선사는 당부에 따라 진정극문 선사의 법을 이었고, 청소 스님은 용문사 뒷방에서 생을 마쳤다.

풍문으로 사람을 평가해서는 안 되고, 겉모습으로 도를 짐작해서는 더욱 안 되는 것이다. 순경계(부처의 세계)에서는 아무 문제가 없지만, 역경계(마귀의 세계)에서는 모두가 꼬꾸라지고 만다. 순역자재順逆自在가 되어야 참된 공부인이다. 그리고 다른 이를 향한 배려와 존중이 수행자의 기본임을 알 수 있다. 이것은 도솔종열 선사의 수행 이력에서 여실히 증명되고 있다.

❀

천년의 학이
구름 덮인 소나무와 함께 늙는다.

고요히 앉아라

시방의 모든 부처님 가운데 만약 한 분이라도
좌선에 의거하지 않고 성불한 분이 있다는 것은
도저히 있을 수 없다.

혜가 선사의 법문이다. 움직이는 씨앗은 싹을 틔울 수 없다. 좌
선을 해야 공功이 있는 것이니, 몸 가운데 스스로 깨닫는 까닭이다.
그림 속의 떡은 먹을 수 없거늘 어찌 사람을 배부르게 할 수 있겠
는가.

『능가경』에 설하기를, "중생은 시작이 없는 옛날부터 생사에 윤회
하며 집착에 묶이고 덮이어 왔기에, 마땅히 버리고 벗어나야 하나
니, 쐐기로 쐐기를 빼듯이 하라."라고 하였다.

『원각경』에 보면, "환으로써 환을 다스린다[以幻修幻]."라는 이야기
가 나온다. 즉 경론의 가르침도 언설에 의한 개념이므로 환幻이며
법상法相이라 한다. 법문의 환으로써 중생의 망념의 환을 제거하는
것이 바로 환으로써 환을 다스리는 것이며, 또한 쐐기로써 쐐기를
빼낸다는 것이다. 화두참선에서도 마찬가지로 "화두라는 독으로써

망념의 독을 공격한다[以毒攻毒].”라고 말하는 것이다.

　법문의 가르침을 단지 지식(알음알이)으로만 쌓아 가고, 좌선의 실참을 통해 이를 자증自證하지 않으면 도리어 망념의 환을 더욱 증장시키는 꼴이 된다. 부처님께서 설하신 법(진리)은 실천을 통해 깨달음에 이르는 뗏목일 뿐 그것마저도 집착해서는 안 되기 때문이다.

　법에 집착하여 그것의 실천 없이 인식의 대상으로 삼아 얻고자 한다면 법상法相이라는 분별 집착을 하나 더할 뿐이다. 그래서 조사는 “뒤의 쐐기가 앞의 쐐기를 더욱 단단히 박히게 한다.”라고 말하는 것이다.

　그리고 『금강경』에서도 “법도 마땅히 버려야 하거늘 하물며 법 아닌 것이랴.”라고 설하고 있다. 그래서 강을 건너고 난 다음에는 뗏목을 버리라고 말하는 것이다.

　순자가 말하기를, “얼음이 물로부터 생기지만 얼음은 물을 막히게 하며, 얼음이 녹으면 물이 흐르게 된다.”라고 하였다. 망념이 진성眞性으로부터 일어나지만 망념은 진성을 미혹하게 하며, 망념이 소멸되면 저절로 진성이 나타난다. 만약 고요히 앉아 하릴없이 좌선한다면 방 안의 등불처럼 능히 어두움을 부수어 사물을 분명히 비출 수 있다.

　부처님이 능히 중생을 해탈시켜 줄 수 있다고 한다면, 과거에 한량없이 많은 항하사의 제불을 만났는데, 왜 우리들은 성불하지 못하고 있는가. 이는 단지 정성을 다해 자심에서 발심하지 못한 연고이며, 입으로는 증득하였다 하나 마음에서는 증득하지 못하였고, 마침내 업에 따라 윤회의 수레를 타게 됨을 면치 못하게 된 것이다.

불성은 마치 천하에는 일월日月이 있고, 나무에는 타는 성질이 있는 것과 같이 사람 가운데 불성이 있어 또한 불성의 등이라 이름하고, 또한 열반의 거울이라 이름한다. 불성등佛性燈을 밝히고 열반경涅槃鏡을 맑히기 위해서는 좌선에 의거하지 않을 수 없다. 실천수행이 진정한 해탈의 밑거름이 된다.

❀

한 글자가 관공서의 문으로 들어가면
여덟 마리 소가 끌어도 끌어낼 수 없다.

전삼삼 후삼삼

　무착문희 선사는 문수보살을 친견하기 위해 항주에서 출발하여 삼보일배로 드디어 오대산 금강굴에 당도하였다. 이때 소를 몰고 가는 노승을 만나 절로 들어갔다.

　노승이 무착에게 물었다.

　"근래에 어디에서 오는가?"

　"남방에서 왔습니다."

　"남방에서는 불법을 어떻게 주지하는가?"

　"말법 시대에 비구들이 계율을 받드는 정도입니다."

　"대중은 얼마나 되는가?"

　"삼백 내지 오백쯤 됩니다."

　무착 스님이 도리어 물었다.

　"이곳에서는 불법을 어떻게 주지합니까?"

　"용과 뱀이 뒤섞이고[龍蛇混雜], 범부와 성인이 함께 머문다[聖凡同居]."

　"대중은 얼마나 됩니까?"

　"전삼삼前三三 후삼삼後三三."

이 이야기는 당나라 때 무착 선사의 오대산 순례길에서 일어난 사건의 일단이다. 오대산에 당도하여 날이 저물자 암자로 찾아들어 문수보살의 화신인 노승을 만나서 나눈 대화이다. 무착이 묻고 노승이 답하는 마지막 부분이 압권이다. 오대산의 대중이 얼마나 되느냐는 물음에 "전삼삼 후삼삼"이라고 대답한 것이다.

아는 바와 같이 '전삼삼 후삼삼'은 격외구格外句이다. 상식을 초월한 진리의 세계를 말한다. 격외의 도리를 알려면 분별심에서 벗어나야 한다. 숫자로 헤아려도 어긋나고, 의리로 분별해도 십만 팔천 리다. 따라서 이것을 후대에 선문의 공안으로 삼게 된 것이다.

격외의 도리는 본색종사에게 미루고, 격내의 도리로 한번 착안해 보면, "용사가 혼잡하고[龍蛇混雜], 범성이 동거한다[凡聖同居]."라는 어구는 일상사에서 한번 곱새겨 볼 만한 격언이다. 중생 세계에서는 항상 용과 뱀이 뒤섞여 살고, 범부와 성인이 함께 살아가게 마련이다. 용은 용대로 뱀은 뱀대로 자신의 삶에 충실하면 시절은 태평할 것이다. 용 머리에 뱀 꼬리는 말할 나위도 없고, 뱀 머리에 용 꼬리인들 어찌 조화롭다 하겠는가.

만약 한 생각 돌이켜 '무상신속, 생사대사'의 본분사에 사무치다 보면 용사가 따로 없고, 범성이 차별 없는 경계에 스스로 고개를 끄덕이게 될 것이다.

통도사 극락암 경봉 선사 회상에 어느 거사가 찾아와서 인생살이의 허망함과 앞날의 삶에 대해 가르침을 청하였다. 경봉 스님은 거사에게 '앞으로 세 걸음, 뒤로 세 걸음'을 걷게 한 뒤 제자리에 서게 하였다. 무엇인가? 본래 그 자리이다.

❀

눈으로 눈을 볼 수 없고
물로 물을 씻을 수 없다.

문수와 무착

문수와 무착의 '전삼삼 후삼삼'의 대화 뒤에 전개되고 있는 이야기이다.

노승이 균제 동자로 하여금 배웅하게 하였다. 무착 스님이 동자에게 물었다.

"전삼삼 후삼삼은 도대체 얼마나 되는 겁니까?"

동자가 "대덕이시여!" 하고 부르니, 무착이 "네!" 하고 대답을 했다. 동자가 말했다.

"얼마나 됩니까?"

무착이 다시 물었다.

"여기는 어떤 곳입니까?"

"이곳은 금강굴 반야사입니다."

무착은 처연히 그 노승이 다시 볼 수 없는 문수라는 것을 깨달았다. 곧 동자에게 머리를 조아리며 특별히 한마디를 청하였다.

동자가 게송을 읊었다.

성 안 내는 그 얼굴이 참다운 공양구요,　　　面上無瞋供養具

부드러운 말 한마디 미묘한 향이로다.	口裏無瞋吐妙香
깨끗해 티가 없는 진실한 그 마음이	心裏無瞋是珍寶
언제나 한결같은 부처님 마음일세.	無染無垢是眞常

아직도 숫자로 헤아려 '전삼삼 후삼삼'을 분별하고 있는 무착에게 균제 동자는 "대덕이시여!"라고 불렀고, 무착은 "네!"라고 대답했다. "네!" 하고 즉각적으로 대답하는 그놈은 "얼마나 됩니까?" 하고 되묻고 있다. 부르고 대답하는 가운데 본지풍광本地風光이 밝게 드러나고 있다.

본지풍광이 드러났으면 어떻게 할 것인가? 본래 가지고 있는 공양구로 일체중생을 먹여 살려야 한다. 환한 미소, 밝은 얼굴, 더없는 공양의 방편, 시방의 중생이라는 부처에게 공양 올리는구나. 온유한 말, 사랑스러운 말, 긍정의 언어로 가는 곳마다 향기를 피우니 이곳이 바로 향운계香雲界로다. 한결같은 부처님 마음은 언제 어디서나 진실해 허망함이 없는 보리의 꽃을 흐드러지게 피어나게한다.

문수보살을 친견하러 만 리 길을 무릎이 닳도록 찾아왔건만 문수를 눈앞에 두고도 알아보지 못했으니 누구를 탓하겠는가. 무착은 신심과 원력을 다해 용맹정진하였다. 어느 해 겨울 동짓날이 되어 팥죽을 쑤고 있던 중 김이 모락모락 나는 솥 가운데서 문수보살이 장엄한 모습으로 화현하였다. 무착은 팥죽을 젓던 주걱으로 문수의 얼굴을 사정없이 후려갈기며 사자후를 토했다.

문수는 스스로 문수요[文殊自文殊],
무착도 스스로 무착이다[無着自無着].
만일 문수가 아니라 석가나 미륵이 나타날지라도
내 주걱 맛을 보여 주리라.

칠불의 스승이자 지혜의 상징인 문수보살이 주걱으로 뺨을 얻어
맞고는 이렇게 송을 읊고 있다.

쓴 조롱박은 뿌리까지 쓰고
단 참외는 꼭지까지 달도다.
내 삼대겁을 수행해 오는 동안
오늘에야 괄시를 받아 보는구나.

❀
지금 이룬 부처가
이미 이룬 부처를 괄시하네.

명리는 아침 이슬

옥토끼(달) 뜨고 지니 늙음을 재촉하고   玉兎昇沈催老像
금까마귀(해) 오르내리니 세월이 가네.   金烏出沒促年光
명예와 이익을 구함은 아침 이슬과 같고   求名求利如朝露
괴로움과 영화는 저녁연기 같네.   或苦或榮似夕烟

그대에게 간절하게 도 닦기를 권하노니   勸汝慇懃修善道
어서 빨리 부처 되어 중생을 건지라.   速成佛果濟迷倫
금생에 내 말을 따르지 않으면   今生若不從斯語
후세에 당연히 한이 만 갈래나 될 것이네.   後世當然恨萬端

고려 시대 야운 선사의 『자경문』 마지막 구절이다. 부처님은 '제
행무상諸行無常'을 법인法印으로 설하셨다. 모든 것은 고정되어 있지
않고 끊임없이 변해 가고 있다. 항상함 없이 변해 가기 때문에 그
어디에도 고정된 실체가 없다[諸法無我]. 진리는 무상無常하고 무아無我
한데 어리석은 중생은 유상有相하고 유아有我하기를 바라니, 거기에
는 고통이 따를 수밖에 없다[一切皆苦]. 당연히 고통의 원인은 무상과

무아를 배반하고 유상과 유아에 집착하는 갈애인 것이다. 무상과 무아를 깨달아 집착과 갈애가 소멸되면, 고통이 고요한 열반락으로 바뀌게 된다[涅槃寂靜]. 이것이 부처님이 강조하신 네 가지 진리이다.

그런데 범부는 언제나 눈앞의 경계에 집착하여 진리의 세계로 나아가지 못하고 있다. 고덕이 말하기를, "무상이 신속하니 생사의 일이 크다."라고 하였다. 세월이 날아가는 화살과 같아 순식간에 늙음을 재촉한다. 그런데도 아침 이슬 같은 명예와 재물에 한눈팔려 고통과 쾌락을 반복하며 도 닦기를 망각하고 있다.

예로부터 인생에서 금기해야 할 네 가지가 있었으니 '주색재기酒色財氣'라고 하였다. 술과 색 그리고 재물과 성질이 바로 그것이다. 이 네 가지를 잘못 다스리면 패가망신의 전조가 된다고 하였다. 일반 세속에서도 이러할진대 수행자의 입장은 더 말할 나위가 없다. 특히 출가 수행자에게 가장 큰 해독害毒이 바로 명예와 이익(재물)이다. 이름 석 자를 놓아 버리고 무소유로 출가하였으나, 어느새 소유의 울타리에 갇혀 버린다. 명리를 멀리함이 출가의 본연이다. 그리고 천하에 성질부리는 수행자가 있다면 불을 지고 대웅전에 들어가는 꼴이다.

나옹 선사의 「백납가百衲歌」 한 소절을 떠올려 본다.

해진 옷 한 벌에 대지팡이 하나	一鶉衣一瘦節
천하를 누벼도 통하지 않을 일 없네.	天下橫行無不通
강호를 두루 다니며 무엇을 얻었는가.	歷徧江湖何所得
원래 배운 것이라곤 다만 빈궁뿐이네.	元來只是學貧窮

이익도 구하지 않고 명예도 구하지 않으니	不求利亦不求名
누더기 납자 마음 비어 어찌 망상 있으랴.	百衲懷空豈有情
발우 하나로 살아온 인생 어디서나 만족하니	一鉢生涯隨處足
다만 이 한 맛으로 남은 생을 보내리.	只將一味過殘生

발심행자 모두가 이 구절에 가슴 뛰었고 이 모습으로 살고자 다짐했건만…. 아, 옛날이여! 너무 멀리 와 버린 인생 여정에 한이 만 갈래로구나.

✿

참된 수행자여!
대숲에 이는 바람을 보고
나뭇가지에 걸린 달을 보는 것만으로도
절로 미소를 머금는구나.

마음 부처를 보아

신라 선덕여왕 때 부설은 불국사 원정 화상에게 출가하였다. 도반 영희, 영조 등과 함께 지리산, 천관산, 능가산 등지에서 수년 동안 수도하였다. 문수도량인 오대산을 참배하러 가던 중, 지금의 김제 만경평야에 살고 있던 구무원의 집에서 하룻밤을 묵게 되었다.

구무원의 18세 된 딸 묘화妙花는 나면서부터 벙어리였으나 마침 부설의 법문을 듣고 말문이 열렸다. 묘화는 부설을 사모하여 전생에 풀지 못한 인연이 있으니 혼인하여 함께 살고자 간청하였다. 부설이 출가 사문임을 내세워 거절하자 묘화는 자살을 기도하였다. 이에 부설은 "모든 보살의 자비는 중생을 인연 따라 제도하는 것"이라 말하고 묘화와 부부의 인연을 맺게 되었다. 동행하던 도반 두 사람은 부설을 비웃으며 오대산을 향해 떠났다.

부설은 대나무에 인생을 비유한 팔죽시八竹詩를 남겼는데 아마도 자신의 인품과 수행의 경지를 드러내고 있는 것이 아닌가 짐작된다. '대나무 죽竹' 자를 '대로'라고 음역한 팔죽시는 그의 초월적 삶을 엿볼 수 있는 내용을 담고 있다.

此竹彼竹 化去竹	차죽피죽 화거죽
風打之竹 浪打竹	풍타지죽 랑타죽
粥粥飯飯 生此竹	죽죽반반 생차죽
是是非非 看彼竹	시시비비 간피죽
賓客接待 家勢竹	빈객접대 가세죽
市井賣買 歲月竹	시정매매 세월죽
萬事不如 吾心竹	만사불여 오심죽
然然然世 過然竹	연연연세 과연죽

이런 대로 저런 대로 되어 가는 대로

바람 부는 대로 물결치는 대로

죽이면 죽, 밥이면 밥 이런 대로 살고

옳으면 옳은 대로 그르면 그른 대로 보고

손님 접대는 집안 형편대로

시정 물건 사고파는 것은 세월대로

세상만사 내 마음대로 되지 않아도

그렇고 그런 세상 그런 대로 보낸다.

부설은 10년 동안 부인 묘화와 더불어 아들 등운登雲과 딸 월명月明
을 낳고 살았다. 어느 날 가족들에게 작별을 고하고 수도를 계속하
겠다며 변산 땅 월명암月明庵으로 들어가 정진에 매진하였다.

얼마 후 오대산에서 수행하던 옛 도반 영조와 영희가 월명암으로
부설을 찾아왔다. 오랜만에 만난 도반 셋은 수행의 경지를 가늠하

는 도력을 시험해 보고자 하였다. 병 세 개에 물을 가득 채워 매달아 놓고, 그릇은 깨되 물은 흘러내리면 안 되는 내기를 하였다. 영조와 영희가 병을 돌로 치자 물이 아래로 흘러내렸지만, 부설이 병을 치자 병은 깨졌으나 물은 공중에 그대로 매달려 있었다. 자신의 수행 경지를 도반들에게 보이고 난 부설은 그 후 열반송을 남기고 입적했다.

눈으로 보는 바가 없으니 분별할 것이 없고	目無所見無分別
귀로 소리 없는 소식 들으니 시비가 끊어진다.	耳聽無音絶是非
시비 분별 모두 놓아 버리고	是非分別都放下
다만 마음 부처를 보아 스스로 귀의하네.	但看心佛自歸依

부설의 아들 등운과 딸 월명도 발심 수행하여 깨달음을 이루게 된다. 그리고 묘화 부인도 부설원을 세우고 수행하여 도를 이루고 110세에 고요히 입적하였다. 부설 거사는 인도의 유마 거사와 중국의 방온 거사와 더불어 3대 거사로 손꼽힌다. 부설 거사의 전기는 조선 후기에 편찬한 『영허대사집暎虛大師集』에 수록되어 있다.

❀

중생이 하나의 번뇌가 없다면
어찌 관음의 천 손이 필요하겠는가.

도와는 거리가 멀다

바수반두는 항상 일종식을 하고, 장좌불와와 육시예불을 하며, 청정하고 욕심이 없어서 대중의 귀의를 받았다. 이때 사야다 존자가 그를 제도하고자 그를 따르는 무리들에게 물었다.

"이와 같이 두타행을 실천하고 범행을 잘 닦아서 불도를 성취할 수 있겠는가?"

"우리 스승의 정진이 이와 같은데 무슨 까닭으로 얻지 못하겠습니까?"

"너희 스승은 도와는 거리가 멀다. 설사 오랫동안 고행을 하더라도 모두가 허망의 뿌리가 될 뿐이다."

바수반두의 제자들이 분을 참지 못하여 모두 안색을 바꾸고 성난 목소리로 사야다 존자에게 말했다.

"존자께서는 어떤 덕을 쌓았기에 우리 스승을 비판하십니까?"

"나는 도를 찾지도 않지만 또한 전도顚倒되지도 않는다. 나는 부처를 예경하지도 않지만 또한 업신여기지도 않는다. 나는 장좌불와하지도 않지만 또한 게으르지도 않다. 나는 일종식을 하는 것은 아니지만 또한 이것저것 마구 먹지도 않는다. 나는 만족을 알지도 못하지만 또한 탐욕스럽지도 않다. 마음에 바라는 바가 없는 것을 일컬어 도道라고 한다."

바수반두가 이 말을 듣고서 무루지無漏智를 일으키니, 이른바 "먼저 선정으로써 움직이고 다음에 지혜智慧로써 뽑아낸다."라고 하는 것이다.

오래 앉아 있다고 좌선을 잘하는 것도 아니요, 일종식을 한다고 식탐이 없어지는 것도 아니며, 육시예불을 한다고 업장이 소멸되는 것도 아니요, 많은 대중의 귀의를 받는다고 정안종사가 되는 것도 아니다. 수행이란 생각하되 생각하지 않음이요[念而不念], 상 가운데서 상을 여의는 것이다[於相離相]. 그런데 오히려 생각을 끊고 오래 앉아 있는 것을 선정이라 하고, 상을 만들어 상에 취착하는 것을 공부라고 여긴다면 혹에 혹을 더할 뿐이다. 파도를 없앤다고 바닷물을 다 퍼낼 수 없듯이, 번뇌를 없앤다고 생각을 다 끊을 수도 없다.

예부터 종문에는 깨닫기 전에는 아무 일도 하지 않고 좌선만 하겠다는 알수좌도 있고, 정견과 발심 없이 일종식과 결가부좌로 오래 앉아 있는 것을 선정으로 삼는 암중선사도 있다. 그리고 경전과 어록에 집착해서 자심을 반조하지 않는 문자법사도 있고, 실참실구로 자심을 밝히지 못하고 말로써 선지식이 된 이도 적지 않다.

온몸으로 두타행을 닦고 앉아서 버티거나, 눈으로 팔만대장경을 모두 열람하고, 귀로 선지식의 법문을 빠짐없이 듣고, 입으로 한량없는 법을 설한다 할지라도, 한 생각 즉 일념을 깨치지 못했다면 오히려 윤회의 업식을 더할 뿐이다. 이것을 두고 선문에서는 위의威儀

로만 해탈하고, 눈으로만 견성하고, 귀로만 성불하고, 입으로만 선지식이 된 것이라고 경계하였다.

어떤 스님이 혜능 선사에게 와륜 선사의 게송을 들려 드렸다.

와륜은 재주가 많아서	臥輪有伎俩
온갖 생각들을 능히 다 끊었다.	能斷百思想
경계를 대하더라도 생각이 일어나지 않으니	對境心不起
보리가 나날이 자라는구나.	菩提日日長

이 게송을 들은 혜능 선사는 이렇게 말했다.

"이 게송은 마음을 밝히지 못한 것이다. 만약 이것을 의지하여 수행하면 더욱 얽히고 속박당하리라."

그러고 나서 이렇게 게송을 읊었다.

혜능은 재주가 없어서	惠能沒伎俩
온갖 생각들을 끊지 못하네.	不斷百思想
경계를 대할 때마다 생각이 자주 일어나니	對境心數起
보리가 어떻게 자랄 수 있겠는가?	菩提作麼長

유에 집착하면 공으로 타파하고, 공에 집착하면 유로 타파하되, 그 타파함마저 타파함이 중도정견이다.

❀

어찌 굳이 남쪽을 향하여
북두칠성을 보려 하는가.

제상비상

　　동산양개 선사가 어린 나이에 출가하여 스승을 따라 『반야심경』
을 독송하고 있었다. '무안이비설신의無眼耳鼻舌身意'라는 구절에 이
르러, 스스로 자신의 얼굴을 만지며 스승에게 물었다.

　　"저에게는 눈·귀·코·혀 등이 있는데, 무엇 때문에 경에서는 없
다고 하였습니까?"

　　스승은 깜짝 놀라 법기임을 알아차리고, "나는 그대의 스승이 아
니다."라고 하며, 오설산의 영묵 선사를 찾아가도록 하였다.

　　이른바 '분명하게 눈이 있는데, 어찌 없다고 하는가?'라는 문제는
선문에서 종종 제기되어 왔다. 이러한 문제 제기에 대한 답으로 『중
론』「관육정품」에서 이렇게 설하고 있다.

　　이 눈은 스스로 그 자기 자신을 볼 수 없다.
　　만약 스스로를 보지 못한다면 어떻게 다른 것을 보겠는가?

　　是眼則不能　自見其己體
　　若不能自見　云何見餘物

눈은 눈을 보지 못한다. 눈을 보지 못한다는 것은 실체가 없다는 말이다. 눈이 스스로를 보지 못하는데 그러면 다른 것은 볼 수 있는가? 자신을 보지 못하는데 어떻게 다른 것을 볼 수 있겠는가. 그러면 지금 눈으로 보고 있는 모든 대상은 무엇이란 말인가. 내가 보고 있는 것은 대상이 아니라 다만 내 눈의 망막에 비친 상을 보고 있을 뿐이다. 망막에 비친 대상경계 또한 실체가 없는 허상에 불과하다. 그러므로 경에서 "무릇 형상 있는 것은[凡所有相] 모두 허망하다[皆是虛妄]."라고 말하는 것이다.

만약 "모든 상을 상 아님으로[諸相非相] 본다면, 바로 여래를 본다[卽見如來]."라고 하는 게송은 상을 보되[見相], 이 상이 공한 성품을 보면[見性], 즉시 여래를 보아 법신을 깨닫게 된다는 가르침이다. 그러면 경전에서 안이비설신의 육근이 있다고 설하는 것은 무엇인가?

조사가 말하길, 이 육근이 있다고 설하는 것은 중생의 근기에 수순하여 설하는 방편의 말인 것이다. 모든 부처님께서는 대자비를 갖추시고 32상과 80종호를 나투시어 환幻으로써 환幻을 멸하셨으니, 환 아닌 것은 불멸不滅인 것이다. 불멸不滅이란 이 중생이 본래부터 구족한 법신이다. 법신은 이름은 있으나 형상은 없다.

이와 같으니 눈·귀·코 등의 육근은 상相은 있되 실로 환으로서 있는 비상非相이기에 실체 없는 허상에 불과하다. 그러니 제법이 공한 입장에서 보면 육근은 없는 것이 분명하다. 그러므로 '무안이비설신의無眼耳鼻舌身意'라고 설하고 있는 것이다. 인식주체인 안이비설신의가 공하여 없으니, 객관대상인 색성향미촉법 또한 공하여 없는 것이다. 따라서 '무색성향미촉법無色聲香味觸法'이라고 설하는 것이다.

눈앞에 있는 모든 것은 가짜(허상)이다.
보고 듣고 느끼고 아는 것에 속지 말라.

몽자재 법문

어느 조사가 말했다.

어떤 한 사람은 향목香木을 잘라 내어 불상을 만들고
다른 한 사람은 향목을 잘라 내어 똥막대를 만들면, 어떠한가?
그 본성을 잃는 것은 한 가지니라.
어떤 한 사람은 선행을 지어 천당에 태어나고
다른 한 사람은 악행을 저질러 지옥에 태어나면, 어떠한가?
선악은 비록 다를지라도, 윤회하는 것은 한 가지니라.

진여본성을 잃어버려 중생으로 전락하였다. 중생으로 전락하면
인과가 분명하다. 선인락과善因樂果요, 악인고과惡因苦果이다. 즉 선
인善因은 천당의 과보요, 악인惡因은 지옥의 과보이다. 천당과 지옥
이 꿈속의 일이라면, 천당은 길몽이요 지옥은 악몽일 것이다. 꿈속
에서 중생은 악몽을 꾸지 않고 길몽 꾸기를 기도한다. 그런데 길몽
이든 악몽이든 꿈속의 일이 분명하다. 꿈을 깨고 나면 천당(길몽)과
지옥(악몽)이 다만 허망한 몽중사夢中事임을 알게 된다.

불조사는 방편으로 악한 업을 짓지 말고 착한 업을 지으라고 설한다. 그러나 실다운 법에서는 선악을 넘어선 절대선으로 나아가길 당부한다. 그래서 제불통계諸佛通誡는 이렇게 설하고 있다.

일체 악을 짓지 말고	諸惡莫作
모든 선을 받들어 행하라.	衆善奉行
스스로 그 마음을 깨달아라.	自淨其意
이것이 모든 부처님의 가르침이다.	是諸佛教

악을 짓지 않고 선을 행하는 것은 인지상정人之常情이다. 그러나 악이 악에 그치고 선이 선에 머문다면 이는 상대적 선악에 매몰되어 벗어날 길이 없다. 악은 악의 과보가 따르기 마련이고, 선은 선의 과보가 있기 때문이다. 그래서 지공 선사는 이렇게 말하고 있다.

"만약 선을 닦으면 곧 인천人天의 과보를 받을 것이며, 만약 악을 지으면 윤회의 과보에 떨어질 것이다. 그러므로 선악의 두 길은 도법道法의 실다운 이치가 아니다."

이러한 때를 당하여 상대적 선악 경계를 뛰어넘는 질적 전환이 필요하다. 선악의 이원적 차원을 벗어나 절대선絶對善의 경지로 도약해야 한다. 그래서 마음을 깨닫는 것이 필요하다. 꿈속에서 아무리 악몽에서 길몽으로 나아간다 하더라도 다시 악몽과 길몽이 번갈아 지속되는 몽중사일 뿐이다.

악몽과 길몽이라는 이원적 차원을 넘어서기 위해서는 꿈속에서는 불가능하다. 오직 꿈에서 벗어나 꿈을 깨는 것만이 상책이다. 다시 말하면 꿈꾸는 자에서 꿈 깨는 자로의 질적 도약이 바로 깨달음인 것이다. 그래도 다행인 것은 꿈꾸는 자와 꿈 깨는 자가 둘이 아닌 하나의 본래심이라는 이치이다. 이 이치를 깨치면 눈 뜨고 꿈을 연출하는 몽자재인夢自在人이 될 것이다. 이것이 모든 부처님이 설한 몽자재 법문이다. 참선수행을 통해 몽자재 법문을 깨쳐야 한다.

절대선의 몽자재 경지에서 무생계는 이렇게 설하고 있다.

| 모든 선을 닦지 말고 | 衆善不修 |
| 모든 악을 짓지 말라. | 諸惡不造 |

꿈속에서 헤매는 꿈꾸어진 자로 살지 말고
꿈을 깨고 꿈꾸는 자로 살아라.

허공도 없거늘

『원각경』「보안보살장」에 '무변허공無邊虛空 각소현발覺所顯發'이라는 구절이 있다. 이 법문에 대해 예로부터 납자들 사이에 시비가 무성하였다. 옛날 어느 선원에서 이것에 대해 의견이 대립되어 다투게 되었다.

한 납자는 '무변허공이 각소현발'이라고 주장하고
한 납자는 '무변허공에 각소현발'이라고 주장했다.

두 사람의 의견이 완고하게 대립되었는데 이에 답해 줄 선지식이 없어서 7일간 신중기도를 올려서 해결하기로 하였다. 한문 문장만 놓고 보면 두 가지 해석이 다 가능할 수 있다. 겉으로 보면 가운데 붙인 토가 '이'와 '에'일 뿐이지만, 해석에는 엄청난 차이가 있게 되는 것이다.

'무변허공이 각소현발'이라고 해석하면, 그 의미가 '가없는 허공이 깨달음[覺]이 나타난 바이다.'가 된다. 즉 깨달음으로부터 무변허공이 나타난다는 것이다. 반면에 '무변허공에 각소현발'이라고 해석하면, 그 뜻이 '가없는 허공에서 깨달음이 나타난 바이다.'가 되어 버린다. 주어가 깨달음에서 허공으로 바뀌게 되면 정법이 전도되어 미혹으로 치닫게 되는 것이다.

결국에는 지극 정성으로 올린 기도의 공덕으로 '무변허공에 각소현발'이라고 주장한 스님이 신장의 철퇴를 맞음으로써 해결되었다고 한다. 『기신론』에서는 우주 법계가 진여일심의 작용에 의해 생겨난 것이라고 설하고 있다. 가없는 허공 또한 진여의 각성覺性으로부터 나타났기 때문에 '무변허공 각소현발'이라고 설하고 있는 것이다.

이 법문에 대한 하나의 일화가 전해 내려오고 있다.

조선 중후기에 조정에서 관장하는 한 법회에서 당시 법문 제일이라 소문난 월봉 강백이 『원각경』을 강설하게 되었다. 그때 나라의 중신과 사부대중이 운집하였는데, 마침 환성지안 선사도 참석해 있었다. 예의 '무변허공 각소현발'이라는 대목을 해설함에 있어서, "가없는 허공에서 깨달음이 나타난 것"이라고 해설했던 것이다.

가만히 듣고 있던 환성 선사가 벽력같은 사자후로 '할'을 하자, 월봉 강백이 그만 법상에서 뚝 떨어지고 말았다. 환성은 청허휴정 → 편양언기 → 풍담의심 → 월담설제 → 환성지안으로 이어지는 조계의 정통 법맥을 계승한 일대 조사이다. 이런 정안 조사의 면전에서 엉뚱한 법을 설했으니 철퇴를 맞은 것이다.

눈앞에 분명하게 드러나 있는 자아와 세계, 즉 허공과 천지만물이 모두 각覺으로부터 나타낸 허상虛相에 불과함을 알아야 한다. 각과 허공이 본체와 작용의 관계이므로 결국 원각圓覺이 무변허공이요, 무변허공이 곧 원각인 것이다. 따라서 원각과 무변허공이 둘이 아닌 불이不二가 되는 것이다.

『능엄경』에도 다음과 같은 법문이 기록되어 있다.

허공이 대각 가운데서 생기게 된 것이	空生大覺中
마치 바다에 하나의 물거품이 일어나는 듯하고	如海一漚發
미진같이 수많은 유루의 국토들이	有漏微塵國
모두 허공을 의지해 생겨난 바이다.	皆從空所生
물거품이 소멸하면 허공도 본래 없거늘	漚滅空本無
하물며 다시 삼계가 어디 있겠는가.	況復諸三有

여기서 말하는 대각大覺이란 중생들이 본래 갖추고 있는 진여일심을 말한다. 진여일심에서 무명업상이 일어나 그로 인해 허공이 생겨나고, 그 허공을 의지해서 세계가 성립되니, 그 세계 가운데 국토와 중생이 생겨났다는 것이다. 대각이란 중생의 마음이다. 이 마음에서 허공이 건립되고 허공 가운데 세계와 중생이 존재하고 있다.

대각에서 보는 허공은 마치 큰 바다에 일어나는 한 방울 거품에 불과하다. 그 거품 같은 허공이 본래 없는 것이기에 중생들이 의지해서 사는 기세간, 즉 욕계·색계·무색계의 삼유三有가 모두 환영이요, 그림자에 불과하다. 그래서 『금강경』에서는 일체의 유위법이 여몽환포영如夢幻泡影이라고 설하고 있는 것이다.

✽
환幻이 환인 줄 알고 여의면
곧 진실이다[離幻卽眞].

노는 입에 염불하세

예로부터 민간에 "노는 입에 염불한다."라는 말이 회자되어 왔다. 이 말은 고려 말의 시대를 살다 간 나옹 선사로부터 비롯되었다. 선사는 일찍이 중국에 건너가 원나라의 수도 북경의 법원사에서 지공 화상으로부터 사법嗣法하였다. 아울러 남방으로 내려가 항주 정자사에서 평산처림 선사로부터 서래밀지를 인가받았다.

그리고 고려 광종 때 영명연수 문하에서 유학한 원공지종, 적렬영준 등 36인의 법안종의 법맥을 계승한 분이기도 하다. 나옹은 선사이면서 선교를 아우르고, 선과 정토를 함께 닦는 선정겸수禪淨兼修를 강조하였다. 특히 「승원가」, 「서왕가」 등을 저술하여 남녀노소, 빈부귀천을 막론하고 염불하기를 권장하였다.

나옹 선사는 "노는 입에 염불한다."라는 말을 한자로 '한취염불閑嘴念佛'이라고 표현하고, 이두문자로 '遊難口厓阿彌陀佛(노난입애 아미타불)'이라고 표현하고 있다. 한자로 이른바 '한취閑嘴'란 한가한 입, 즉 노는 입이란 말이다. 이두문으로는 뜻과 음으로 표현하고 있다.

염불하여 서방정토 극락세계에 왕생하기를 권하고 있는 「서왕가」의 일부를 소개하면 다음과 같다.

산은첩첩 물은잔잔 바람솔솔 꽃은화사 소나무와

대나무는 가지축축 늘어는데 인간세상 건너저어

극락세계 들어가니 칠보깔린 비단땅에 칠보로된

망을둘러 금모래와 은모래에 구경하기 더욱좋다

구품연대 연화대에 염불소리 들려오고 청학백학

앵무공작 금봉청봉 염불하고 맑은바람 건듯부니

염불소리 쓸쓸하다 오호라아 슬프도다 우리들의

인간세상 이세상에 나왔다가 염불않고 어이할꼬

이두문자로 표현한 「승원가」에는 이런 내용이 포함되어 있다.

溫可事厓碍臨業西	온갖일에 걸림없어
僧俗男女勿論何古	승속남녀 물론하고
有識無識貴賤間厓	유식무식 귀천간애
所業乙購治末古	소업을 폐치말고
農夫去加農事何面	농부거던 농사하며
遊難口厓阿邇陀佛	노난입애 아미타불
織女去加績三何面	직녀거던 길삼하며
遊難口厓阿邇陀佛	노난입애 아미타불

사실 염불수행은 참으로 쉬운 방법에 속한다. 나옹 선사의 가르침과 같이 염불은 승속남녀, 유식무식, 빈부귀천의 신분을 가리지 않고 누구나 쉽게 할 수 있는 수행방법이다. 언제 어디서나 생활 가

운데서 걸림 없이 행할 수 있는 것이 염불수행이다. "노는 입에 염불하라."라는 말은 생활 그대로가 염불이 되게 하라는 말인 것이다. 여섯 자로 '나무아미타불'을 염해도 되고, 넉 자로 '아미타불'을 염해도 상관없다. 또한 고성염불로 해도 되고, 은은한 소리로 하는 은성염불隱聲念佛로 해도 좋다. 다만 염불하되 '염불하는 이가 누구인가[念佛是誰]?' 혹은 '부르고 듣는 이것이 무엇인가[稱聞是甚麼]?'를 동시에 참구하면 염불선念佛禪이 되는 것이다.

❀

눈이 없는 사람은
등불을 빌리지 않는다.

풀 한 포기 없는 곳

동산양개 선사가 하안거를 해제하고 행각을 떠나는 납자들에게 말했다.

"형제들이여, 초가을 늦여름에 동쪽 서쪽으로 길을 떠나가니, 곧바로 만 리 밖에 풀 한 포기도 없는 곳으로 향해 가야 비로소 얻을 수 있다."

잠시 말이 없다가, "만 리 밖에 풀 한 포기 없는 곳을 어떻게 가겠는가?"라고 물었다.

이 말을 전해 들은 석상경제 선사는 "문을 나서면 곧 풀밭이다[出門便是草]."라고 말하고, 대양경연 선사는 "설사 문에서 나오지 않았다 하더라도 풀이 무성하니라."라고 말했다. 그리고 만송행수 선사는 "만 리에 풀 한 포기 없는 청정한 곳이 사람을 미혹하게 한다."라고 시중했다.

만 리 밖 풀 한 포기도 없는 곳[萬里無寸草處]이 어디인가. 시비, 선악, 생사, 거래 등 이원적 번뇌 망념이 다 소멸된 상락아정常樂我淨의 불국토가 바로 그곳이다. 중생은 언제나 무명업식에 오염되어 온갖 잡념이 무성한 풀밭 속에서 뒹굴고 있다. 똥밭에서 똥물에 범벅이 되어 나뒹굴고 있는 모습이 오늘날 우리의 모습이다. 어떻게 하면 똥밭을 꽃밭으로 만들 것인가?

육근이 육진의 문을 나서면 육식이라는 온갖 번뇌 망념, 근심 걱정의 잡풀이 뒤섞여 있는 어지러운 풀밭이다. 그래서 문을 나서면 온통 풀밭이라 말하고 있는 것이다. 이 풀밭에서 끊임없이 바깥 경계를 향해 집착하고 있는 범부의 망정을 없애려면 육근·육진·육식의 18경계가 본래 공한 자리를 체득해야 한다.

설사 풀 한 포기 없는 청정한 경지를 얻었다 하더라도 그 자리에 집착하면 이 또한 병통이기 때문에, 만송 노인은 풀 한 포기 없는 청정한 그곳이 오히려 사람을 미혹시킨다고 경계하는 것이다. 따라서 잡풀 한 포기 없는 청정한 경지를 깨달았다 하더라도 거기에 안주하면 이 또한 청정이라는 풀밭의 장애를 받게 되는 것이기 때문에 대양 선사가 "문을 나서지 않아도 풀밭이다."라고 말하는 것이다.

풀밭에 있어도 병통이요, 풀을 매고 청정한 자리에 머물러도 병통이다. 쉬고 쉬어야 하고, 비우고 비워야 한다. 석상경제 선사는 번뇌 망념의 풀을 제거하기 위해 일곱 가지 법문[七去法門]을 제시하고 있다.

일체의 전도된 번뇌 망념을 텅 비워 쉬고[休去] 쉬어야 한다[歇去]. 일념이 만년이 되게 하여야 하고[一念萬年去], 차가운 재와 고목과 같이 되어야 한다[寒灰枯木去]. 옛 사당의 향로와 같이 되게 하고[古廟香爐去], 번뇌의 열기가 없는 차가운 땅과 같이 되어야 한다[冷湫湫地去].

그리고 마치 한 가닥의 흰 명주실과 같이 말쑥하게 되어야 한다[如一
條白練去].

❀

이제야 비로소
내가 돌아갈 길을 알았다.

도적을 자식으로

현사사비 선사는 이렇게 설하고 있다.

"다시 한 가지로 밝고 신령한 마음 작용[昭昭靈靈]과 지혜의 성품이 볼 수 있고 들을 수 있으므로 오온의 몸을 주재한다고 설한다. 이렇게 선지식이 되면 사람을 크게 속인다. 내가 이제 그대들에게 묻는다. 밝고 신령함이 그대들의 진실한 주재자라면 어째서 잠잘 때는 또한 밝고 신령함을 이루지 못하는가. 만약 잠잘 때 밝고 신령하지 않다면 어째서 밝고 신령할 때가 있다고 하는가. 그대들은 알겠는가. 이것은 도적을 자식으로 삼은 것이다. 이것은 생사의 근본이며, 망상의 인연이 빚어낸 기운이다."

어떤 선객이 남양혜충 선사를 찾아와서 "이 몸에는 생멸이 있지만 심성은 비롯함이 없어 예부터 일찍이 생멸한 적이 없다."라고 설하는 남방 선지식의 법문을 소개하였다. 이에 혜충 선사는 이렇게 말했다.

"'나의 이 몸에는 신령한 성품이 있어 이 성품이 아픈 느낌을 안다. 그러다가 몸이 무너질 때 정신이 떠나는데, 마치 집에 불이 나면 주인이 나가는 것과 같아서 집은 덧없고 집주인은 항상하다.'라고 생각한다면, 이와 같은 자는 삿됨과 바름을 구분할 줄 모르는 외도外道와 다를 바가 없다."

현사는 육체 속에 밝고 신령한[昭昭靈靈] 주재자를 세우는 자는 도적을 자식으로 여기는 것[以賊爲子]이라고 비판하고 있다. 혜충 역시 생멸이 있는 몸 안에 생멸이 없는 영혼이 있다고 주장하는 외도들의 견해를 경책하고 있는 것이다. 즉 몸은 죽어 없어지지만 마음(영혼)은 죽지 않고 영원하다는 영육이원론靈肉二元論을 비판하고 있는 것이다.

보고 듣고 느끼고 아는[見聞覺知] 신령한 앎은 인식주체(육근六根: 眼耳鼻舌身意)와 인식대상(육경六境: 色聲香味觸法)이 화합하여 인연으로 일어나는 인식작용(육식六識: 眼識 내지 意識)이다. 인연으로 일어났기에 실로 일어난 바가 있지 않다. 그것이 실체로 있다면 어째서 잠잘 때는 없어지는가[非有]. 그러나 아주 없다고 한다면[斷滅] 어째서 잠에서 깨어나면 다시 밝고 신령함이 있게 되는가[非無]. 없다고 한다면 단견斷見에 떨어짐이요, 있다고 한다면 상견常見에 떨어짐이 된다.

선종에서 말하고 있는 한 물건, 본래면목, 주인공 등으로 표현된 실체적 언어표현과 맞물려 자나 깨나 소소영영한 불생불멸의 주재자를 찾는 것으로 참선수행을 삼는 것 역시 오해의 소지가 있다. 이런 관점에서 '이뭣고?' 화두를 동정일여, 몽중일여, 오매일여를 투과하여 얻어지는 영원한 진아眞我와 합일되는 도구로 참구한다면 혜충 선사가 지적한 연기중도에 어긋나 상견常見에 떨어진 외도의 수행이 되고 말 것이다.

우리 눈앞에 밝고 신령스럽게 아는 작용은 육근에 있는 것도 아니고, 육진에 있는 것도 아니고, 이 둘이 합쳐진 육식에 있는 것도 아니다. 그러나 밝고 신령스럽게 알 때 알려지는바 경계는 곧 밝게 아는 활동 자체로 주어지니, 능히 아는 자(주체: 육근)를 떠나서도 그 밝음은 없고, 알려지는 바(대상: 육진)를 떠나서도 그 밝음은 없으며, 밝은 작용 자체(작용: 육식)를 버리고도 그 밝음은 없다. 또한 육근 · 육진 · 육식을 떠나서 그 밝음이 있는 것도 아니다. 즉 신령스러운 앎은 보고 듣고 느끼고 아는 것에 속해 있는 것도 아니고, 또한 떠나 있는 것도 아니다.

마음이 공적하여 공적한 바탕에 신령스럽게 아는 지혜가 있으나 [空寂靈知], 이렇게 아는 지혜는 아는 바 없이 아는 지혜이므로 따로 주재자를 세우지 않는다. 이와 같은 맥락에서 '이뭣고?' 화두를 보고 듣고 느끼고 아는 소소영영한 주인공을 찾는 것으로 오인한다면 이 또한 도적을 자식으로 잘못 아는 격이 되어 버린다. 그러므로 혜능 선사 또한 "본래 한 물건도 없다[本來無一物]."라고 하는 한편, "나에게 한 물건이 있다[吾有一物]."라고 말하고, 그 제자 회양 선사는 "설사 한 물건이라 해도 맞지 않다."라고 말하고 있다. 이것은 수증의 중도연기적 입장에서 제시된 일물一物화두의 전형이다.

설사 밤에 잠자지 않고 소소영영함으로 공부를 삼는다 해도 연기로 이루어진 소소영영함을 실체로 여기는 외도에 지나지 않는다. 이는 잠자지 않는 능력을 강화하는 공부인이거나, 혹은 몸 안에 잠들지 않는 주인공을 세워 깨달음으로 삼는 삿된 도인에 지나지 않는다. 어느 시대를 막론하고 이렇게 도인 노릇하는 사람이 많다.

밝음이 오면 어둠이 물러나고
지혜가 생기면 미혹이 사라진다.

큰일을 밝히지 못하면

동산양개 선사가 어떤 스님에게 물었다.

"세상에서 무엇이 가장 고통스러운가?"

스님이 말하였다.

"지옥이 가장 고통스럽습니다."

동산 선사가 말하였다.

"그렇지 않다. 이 가사를 입고 큰일을 밝히지 못하는 것이 비로소 고통이다."

조사는 말한다. 지옥·아귀·축생의 삼악도가 고통스럽기는 하지만 출가하여 일대사一大事를 밝히지 못하는 고통에 비하면 아무것도 아니라고 한다. 왜냐하면 출가인의 본분이 생사해탈에 있기 때문이다. 절집에 전해 내려오는 말이 있다. "가사 속에서 지옥이 자라난다." 거룩한 가사 속에서 견성의 싹이 트고, 성불의 기연이 자라나야 정상이지 만약 무간업을 키우고 있다면 이 아니 슬픈 일이겠는가.

원효는『발심수행장』에서 이렇게 경책하고 있다.

"마음속에 애욕을 떠난 이를 사문이라 이름하고, 세속을 생각하지 않는 것을 출가라 이름한다. 수행자가 되어 애욕의 그물에 걸리는 것은 개가 코끼리의 가죽을 쓴 것[狗被象皮]과 같고, 도를 닦는 사람이 연정을 품는 것은 고슴도치가 쥐구멍 속에 들어가는 것[蝟入鼠宮]과 같다."

초심을 잃지 않고 부지런히 삼업을 청정히 하여 삼계의 화택을 여의고 적멸의 열반락을 성취하여 일체 군생을 접인함이 출가인의 본분사이다.

어찌 이 일이 출가 사문에게만 해당이 되겠는가. 옛 향가에 "군君은 군답게 신臣은 신답게 민民은 민답게 하면 나라는 태평하리라." 하였다. 누구나 처해 있는 그 자리에서 자신의 본분을 다하지 못함이 가장 고통스러운 일이라는 것을 성찰해야 한다. 한 생각이 어긋나면 화살이요, 한 말이 어긋나면 칼날이요, 한 행동이 어긋나면 불구덩이다.

출세간에서는 가사 속에 지옥이 만들어지고, 세간에서는 호의호식 속에서 아수라를 만들어 가고 있다. 세간은 세간대로 네 탓이라 하고, 출세간은 출세간대로 내 탓이 아니라고 한다. 언제 어느 때 혼돈의 시절이 아니었던 때가 있었던가. 나는 나답게 너는 너답게 하면 세상은 평화로울 텐데 말이다. 깨어 있고 열려 있는 사람이 함께하는 대동세상이 그립다.

고려의 야운 선사는 이렇게 송하고 있다.

헛되이 보낸 일생 만겁의 회한이니

무상이 찰나이니 날마다 놀라 두려워하고
인명이 잠깐이라 때때로 보증할 수 없다.
만약 조사관을 뚫지 못한다면 어찌 편히 잠자리오.

🌸

도가 사람을 멀리하는 것이 아니라
사람이 스스로 멀리한다.

벽돌을 갈아서

마조도일 선사가 남악의 전법원에 머물면서 매일 좌선에 몰두하고 있었다. 마침 남악에 은거하고 있던 회양 선사가 슬며시 물었다.

"대덕은 무엇을 하고 있는가?"

"좌선을 하고 있습니다."

"좌선을 해서 무엇 하려고 하는가?"

"부처가 되려고 합니다."

회양은 벽돌 하나를 가지고 와서 도일이 좌선하고 있는 바위 옆에서 갈기 시작했다. 도일이 이를 보고서 물었다.

"벽돌을 갈아서 무엇 합니까?"

"거울을 만들려고 하네."

"벽돌을 간다고 어찌 거울이 되겠습니까?"

"벽돌을 갈아서 거울을 만들지 못한다면, 좌선을 하여 어찌 부처를 이루겠는가?"

"그럼 어찌해야 하겠습니까?"

"수레가 가지 않으면 수레를 때려야 옳은가, 소를 때려야 옳은가?"

도일이 아무 말이 없으니, 대사가 다시 말했다.

"그대는 좌선을 배우는 것인가, 좌불을 배우는 것인가? 만일 좌선坐禪을 배운다면 선은 앉고 눕는 데 있지 않고, 만일 좌불坐佛을 배운다면 부처는 정해진 모습이 없다. 머무름이 없는 법에서 취하거나 버리지 말아야 한다. 그대가 만일 앉아 있는 부처라면 곧 부처를 죽이는 일이니, 만약 앉는 모습에 집착한다면 그 이치를 통달한 것이 아니다. 나의 게송을 들으라."

마음 땅은 온갖 종자를 품었으니
비를 만나면 모두 다 싹을 틔우네.
삼매의 꽃은 모습이 없거늘
무엇이 무너지고 무엇을 이루겠는가.

벽돌을 갈아 거울을 만들 수 없고, 좌선을 고집하여 부처가 될 수 없다. 이루고 무너지는 것은 항상한 법이 아니다. 부처는 이루는 것이 아니고, 이룸이 없는 것이 부처이다. 머묾이 없는 법은 이루어지거나 무너지는 것이 아니기 때문에 취할 수도 없고 버릴 수도 없다. 그러므로 경에서는 모든 상相을 상 아닌 성性으로 보면 바로 여래를 볼 수 있다고 설하는 것이다.

❀

떨어진 꽃잎은 뜻이 있어 흐르는 물을 따른다.
흐르는 물은 무심하여 떨어진 꽃잎을 흘려보낸다.

체로금풍

한 수좌가 운문 선사에게 물었다.

"나무가 시들고 낙엽이 떨어질 때는 어떠합니까?"

운문 선사가 답했다.

"가을바람에 전체가 그대로 드러난다[體露金風]."

납자의 질문은 스승의 역량을 거량하는 것으로, 자연의 사물을 빌려 선의 핵심에 관해 묻고 있다. 납자는 번뇌 망상을 늦가을 나뭇가지와 잎에 비유하여, 스스로 번뇌 망상의 티끌을 없애서 맑은 심경으로 변했다고 자부하고 있다. 이에 대해 운문선사 역시 그 수좌와 마찬가지로 늦가을 정경을 빗대어 답하고 있다.

운문이 답한 체로금풍의 '체로體露'는 전체로현全體露現의 줄인 말로서 완전히 그대로 드러남을 말하는 것이다. '금풍金風'은 가을바람을 말한다. 마침 가을은 오행五行 중에서 금金에 해당한다. 체로금풍이란 말은 번뇌 망상의 완전한 소멸을 나뭇잎을 쓸어 내는 가을바람에 비유해 일체를 놓아 버린, 맑은 바람이 오고 가는 깨달음의 경지를 드러내는 것이다.

중생이 본래부처이지만 무명업식無明業識에 가려져 중생으로 전
도되어 버렸다. 무명업식을 소멸하고 본래부처를 회복하기 위해서
는 업식에 의한 망상이 텅 비어 공한 도리를 깨우쳐야 한다. 한 생
각 일어남이 망념이라면, 이 망념은 저절로 일어난다. 저절로 일어
나는 망념을 억지로 끊어 없앨 수는 없다.

다만 망념이 실체가 없어 공한 도리를 깨달으면 망념이 장애가
되지 않는다. 이때 망념妄念이 도리어 진념眞念이 되어 보리정심菩提
正心으로 드러난다. 번뇌가 보리로 드러나는 것을, 망념을 소멸하고
정념이 나타난다는 의미로 깨달았다고 말하는 것이다.

체로금풍의 계절이다. 밖으로 치닫는 망념을 안으로 돌이키는 자
심반조自心返照의 시절인연이 도래하였다. 시간은 사람을 기다리지
않는다. 다만 사람이 시간을 기다릴 뿐이다. 풍요로운 계절 촌음을
아껴 일념반조로 체로금풍을 실현하자. 나날이 금풍이 불어오니 나
날이 온몸이 청량하다.

❀

병풍이 다 찢어졌어도
여전히 그 뼈대는 남아 있다.

선정겸수

법안종의 영명연수 선사는 선종의 조사이면서 또한 정토종의 조사로서 참선과 정토를 함께 닦는 선정겸수를 주창하였다. 참선과 염불에 대한 네 가지 요간要揀이 있으니 다음과 같다.

첫째, 참선도 하고 염불도 하는 것에 대한 게송이다.

참선도 하고 염불도 하면	有禪有淨土
마치 뿔 달린 호랑이 같아	猶如戴角虎
현세에 사람들의 스승이 되고	現世爲人師
내세에 부처와 조사가 될 것이다.	來世作佛祖

둘째, 참선은 하지 않고 염불만 하는 것에 대한 게송이다.

참선은 하지 않고 염불만 하게 되면	無禪有淨土
만 사람이 닦아 만 사람이 왕생하니	萬修萬人去
만약 왕생하여 아미타불만 친견하면	若得見彌陀

어찌 깨닫지 못할까 근심 걱정 하겠는가.　　　何愁不開悟

셋째, 참선만 하고 염불을 하지 않는 것에 대한 게송이다.

참선만 하고 염불을 하지 않으면　　　有禪無淨土
열 사람 중에 아홉은 길에서 넘어지니　　　十人九蹉路
저승의 경지가 눈앞에 나타나면　　　陰境若現前
눈 깜짝할 사이에 휩쓸려 가 버린다.　　　瞥爾隨他去

넷째, 참선도 하지 않고 염불도 하지 않는 것에 대한 게송이다.

참선도 하지 않고 염불도 하지 않으면　　　無禪無淨土
쇠 침상 위에서 구리 기둥을 껴안는 격이니　　　鐵床竝銅柱
만겁이 지나고 천 생을 지나더라도　　　萬劫與千生
믿고 의지할 사람 하나 얻지 못하리.　　　沒箇人依怙

　염불수행과 참선수행을 겸해서 하라는 강력한 권고이다. 아미타
불을 마음으로 깊이 염하면서, 입으로 부르고[稱], 귀로 부르는 소리
를 들어야[聞] 한다. 입과 귀의 간격이 조금이라도 벌어지면 안 된
다. 그러면서 아미타불을 부르고 듣는 이것이 무엇인가[稱聞是甚麼]
하고 화두로 참구하면 염불과 참선을 함께 닦는 염불선(혹은 정토선)
이 된다. 염라대왕도 흠앙하는 아미타불의 화신인 연수 대사의 자
력과 타력을 함께 수행하는 선정쌍수가 말세 중생들에게는 최상승

의 수행방편이 될 수 있을 것이다.

❀

노는 입에 아미타불
쉬는 마음에 이뭣고?

신령한 한 물건

태어남이란 한 조각 뜬구름이 일어남이요,	生也一片浮雲起
죽음이란 한 조각 뜬구름이 사라짐이다.	死也一片浮雲滅
뜬구름 자체가 철저히 공한데	浮雲自體徹底空
덧없는 몸의 생멸도 또한 이와 같아라.	幻身生滅亦如然
그 가운데 신령한 한 물건이 있어	就中一箇長靈物
오랜 겁을 지나도 항상 변함이 없네.	幾經劫火常湛然

함허 선사는 고려 말에서 조선 초에 이르는 지공, 평산 → 나옹 → 무학 → 함허로 이어지는 법계를 계승하고 있다. 정법안장을 승계한 정통 조사이면서도 은거를 마다하고 숭유억불에 대항하여『현정론』으로 항변하였다. 특히『금강경오가해』를 편찬하여「서설」과 「설의」를 통해 서릿발 같은 선지를 드러내고 있다. 「서설」은 '한 물건'에 대한 참구의 의단을 고양시키고 있는데 그 첫 단락은 이렇게 시작되고 있다.

"여기에 한 물건이 있으니 이름과 모양이 끊어졌으되, 예와 지금을 관통하고 한 티끌에 처하되 육합을 둘러쌌음이로다. 안으로는 많은 묘함을 머금고 밖으로는 많은 기틀에 응하며 삼세의 주인이고 만법의 왕이니라. 넓고 넓어서 그에 비할 데가 없고, 높고 높아서 그에 짝할 것이 없음이로다. … 하늘 땅보다 먼저라고 해도 그 처음 시작이 없고, 하늘 땅보다 뒤라고 해도 그 끝마침이 없음이라. 공한 것입니까, 있는 것입니까? 나는 그 소이를 알지 못함이로다."

함허 선사의 게송과 임종게는 생사 없는 도리와 생사가 자재한 경계를 고명하게 드러낸 명구여서 예로부터 선문에 널리 회자되어 왔다. 특히 지금까지도 천도 법어로 많이 설해지고 있음은 업식을 돌이켜 깨달음으로 나아가게 하는 신령한 빛을 발하고 있기 때문일 것이다. 임종게의 내용은 다음과 같다.

맑고 텅 비어 고요하여 본래 한 물건도 없으니	湛然空寂 本無一物
신령스러운 빛이 밝아 시방세계를 꿰뚫었도다.	神靈光赫 洞徹十方
다시는 몸과 마음이 생사를 받지 않아	更無身心 受彼生死
오고 감에 아무런 거리낌이 없도다.	去來往復 也無罣碍
나아가려다 눈을 뜨니 시방이 그윽하여라.	臨行擧目 十方碧落
없는 가운데 길이 있으니 서방극락이로다.	無中有路 西方極樂

이 한 물건은 과연 있는 것인가, 없는 것인가? 이 한 물건이 무엇인가?

❁

터럭만큼이라도 분별하면
얼굴을 마주하고도 천 리나 멀어진다.

무쇠 나무에 꽃이 피고
수탉이 알을 낳네.

청산과 더불어

영원유청 선사는 회당조심 선사를 참문하고 가르침을 받았다. 무
진거사 장상영의 청으로 억지로 관음사 주지를 맡게 되었다. 주지
를 하면서 선사는 문에다 방을 써 붙이기를 다음과 같이 하였다.

나 유청은 이름만 주지일 뿐, 실로 객승과 같다.
단지 대중을 통솔하고 불법을 널리 펴서
우러러 교풍을 돕는 것을 내 직분으로 삼을 뿐이다.
절에서 관리하는 상주물은 내 것이 아니므로
이치로 보아서도 내 마음대로 할 수 없는 일이다.
그러므로 소임자에게 모두 위임하고
분야를 나누어 일을 맡아 보게 하되
공과 사를 분명히 하여 합당한 것은 하고
쓸모없는 것은 버려야 한다.
나는 그저 대중과 함께 밥 먹고 옷 입고 할 뿐이며
몸에 지닌 물병과 발우만으로 인연 따라 가고 머물 뿐이다.

마지못해 주지 소임에 임했지만 게송을 보내 물러날 뜻을 보였다.

땅도 없고 송곳도 없어 뼈에 사무치게 가난해서	無地無錐徹骨貧
중생을 제도할 보배 없는 것이 심히 부끄러울 뿐	利生深媿乏餘珍
저자 한복판에서 문을 열기에는 어려운 몸이니	鄽中大施門難啓
병든 몸 기리며 청산과 더불어 살게 해 주소서.	乞與靑山養病身

이른바 '땅도 없고 송곳도 없다[無地無錐].'라는 표현은 익히 알고 있는 바와 같이 향엄 선사의 게송 "작년 가난은 가난이 아니요, 금년 가난이 비로소 가난일세. 작년에는 송곳 꽂을 땅도 없더니, 금년에는 그 송곳마저 없구나."에서 유래된 말이다. 번뇌 망념을 모두 소탕하여 하나도 가진 것이 없이 가난하다는 말은 역설적 표현이다. 정념情念이 가난해야 도리어 도심이 풍요로워지는 것이다. 청산으로 돌아가기를 희망하는 납자의 풍모가 두드러진다. 선사가 주지를 그만두고 떠날 때의 심경을 이렇게 말하고 있다.

"주지를 마치고 떠날 때의 살림살이는 발우가 든 걸망 하나에 삿갓이면 족하다. 납자는 가벼울수록 좋다."

요즘 조계 집안의 유행처럼 서로 주지를 하려는 원력보살(?)들과는 품격이 다른 면모를 보여 주고 있다.

『선림보훈』에 따르면 영원 선사가 이천(伊川: 정명도) 선생에게 보낸 편지글에 이렇게 적고 있다.

사람들은 자기 모습이 남는 것을 싫어하여

그림자가 질까 두려워하며 등지고 도망가려 한다.

그러나 빨리 도망갈수록 자취는 더욱 많아지며

그림자도 더욱 빨라진다.

도망가기를 그치고 그늘에 들어가

그림자가 스스로 없어지고

자취도 자연스럽게 끊어지게 하느니만 못하다.

일상생활에서 이 점을 분명히 한다면

앉은 자리에서 이 도에 나아가리라.

　비록 주지를 그만두고 청산에 기거하고자 하는 납승의 면모 속에서도 세상을 향한 뜨거운 대비심이 묻어나고 있다. 경계를 대함에 경계를 등지고 피하는 것이 능사가 아니라, 그 삶의 경계 속에서 그대로 도를 성취함이 현자의 도리임을 일깨워 주고 있다. 누가 말했다. 그림자가 싫어 도망갔더니 그림자가 먼저 도착해 있더라.

❀

언제 어디든 바로 이 자리가
깨달음의 한가운데이다.

고락이 없는 자리

천황도오 선사는 평소에 늘 "쾌활, 쾌활하노라." 하고 말하고 다녔다. 그런데 임종에 이르러서는 드러누워서 "괴롭다, 괴롭다."라고만 하는 것이었다.

"괴롭다. 원주야, 나에게 술을 가져다가 먹여다오. 고기를 가져다가 먹여다오. 염라대왕이 나를 잡으러 온다."

그러자 원주 스님이 곁에 와서 물었다.

"화상께서는 평상시에 '쾌활, 쾌활' 하시더니 지금은 왜 '괴롭다, 괴롭다' 하십니까?"

이에 선사가 기다렸다는 듯이 한마디 내질렀다.

"말해 보라. '쾌활, 쾌활' 할 그때가 옳은가, 고기를 달라면서 '괴롭다, 괴롭다' 하는 지금이 옳은가?"

원주는 그만 말문이 꽉 막혀 버렸다. 그러자 선사는 벌떡 일어나 앉아서 바로 열반에 들어 버렸다.

즐거움 반, 괴로움 반이 인생이다. 한평생을 즐거움 부여잡고 웃고, 괴로움 부여잡고 울면서 보낸 세월, 호시절은 언제인가? 길몽

악몽 번갈아 꾸면서 이 꿈 해몽 저 꿈 해몽, 꿈꾸고 해몽하면서 한 세월 다 보내 버렸다. 즐거움이 옳은가, 괴로움이 옳은가? 고락을 한꺼번에 내던져 버린 그 자리가 어디인가? 천황 도인의 높은 은혜여! 임종 직전까지 술 고기 찾는 속인 흉내를 내면서도 친절을 놓지 않는구나.

역행 보살행으로 생의 종점에 임했어도 마지막까지 중생을 제도하고자 하는 육신보살의 자비가 눈물겹도록 아름답다. 깨달음도 대상화하면 어긋난다. 그래서 보살은 깨달음마저 버린다. 부처는 부처의 경지에 머물지 않는다.

✿

하루 24시간
즐거워도 더할 수 없고
괴로워도 뺄 수가 없구나.

심요를 지시하다

용담숭신 선사는 원래 떡장수 집 아들이었다. 스승인 천황도오 선사는 매일 떡을 열 개씩 공양받았다. 용담이 떡 배달을 올 때마다 열 개 중 한 개를 도로 돌려주었다. 하루는 어린 용담이 이를 궁금히 여겨 물었더니 천황 선사가 말하길, "내가 그대에게 떡 한 개씩을 주어서 너의 자손이 번창하기를 빈다." 하였다.

얼마 후 떡장수 집 아들 용담은 선사에게 자신의 고민을 이야기했다.

"큰스님, 제가 사는 삶은 분주하기만 합니다. 어찌하면 좋겠습니까?"

선사가 답했다.

"집에 있으면 감옥이라 옹색하고, 출가하면 자유롭고 넓으리라."

깊은 뜻은 알 수 없었지만 시원한 바람이 소년의 마음을 스쳐 지나가는 것 같아서 바로 출가를 단행하였다.

선사가 말하기를, "네가 복과 선을 지어 오면서 나를 믿고 따르게 되었으니, 그 이름을 숭신崇信이라 하여라." 하였다. 그리하여 어린 숭신은 정성을 다해 스승을 시봉하였다. 그러던 어느 날 숭신이 이렇게 물었다.

"제가 여기 온 뒤로 아직껏 심요心要를 지시받은 적이 없습니다."

"나는 네가 여기 온 후로 심요를 지시해 주지 않은 적이 없다."

"어떤 곳이 나에게 심요를 지시해 준 것입니까?"

"네가 차를 끓여 오면 나는 받아 마셨고, 밥을 가져다주면 받아먹었으며, 네가 인사를 할 때마다 고개를 숙였다."

숭신은 무슨 뜻인지 몰라 생각을 굴리자 선사의 호령이 떨어졌다.

"보려면 곧바로 보아야지 생각으로 머뭇거리면 곧 어긋난다."

생각으로 헤아리면 어두워지고, 생각이 끊어지면 밝아진다. 숭신이 곧바로 깨닫고 다시 물었다.

"어떻게 보림합니까?"

선사가 말했다.

"성품에 맡겨 소요하고 인연을 따라 놓아 버려라. 다만 범부의 마음만 다할 뿐, 별다른 성인의 견해는 없다."

낙포원안 선사가 말했다.

"큰 작용이 바로 드러나기를 바란다면, 단박에 모든 견해를 없애야 한다. 모든 견해가 다하면 어두운 안개가 생기지 않고, 지혜가 환하게 비치어 다시는 다른 물건이 없게 되리라."

지금 당장 여기서 놓아라. 그러면 번갯불이 온몸을 스칠 것이다. 잔머리 굴리지 마라. 자갈 굴러가는 소리만 들릴 뿐이다. 생각으로 알려고 하지 말고 온몸으로 부딪쳐라. 생각의 종이 되지 말고 생각의 주인이 되라. 밥 먹고 일하고, 공부하고 쉬는 이 모두가 그대로 심지자성의 대기대용大機大用이다. 모르면 평생 종살이일 뿐, 알아차리면 우주의 주인공이 되리라.

스승인 천황 선사가 제자인 용담이 출가하기 전에 열 개의 떡 가운데 한 개를 돌려주면서 "너의 자손이 번창하기를 빈다."라고 축원한 것은 속가 자손의 번창인가, 출가 자손의 번창인가? 여하튼 용담의 문하에 덕산선감이 배출되었다.

❀

비 그치면 맑은 하늘인 것을.
중생심이 다하니 저절로 불심이 드러난다.

선오후수

어떤 학인이 사공본정 화상에게 물었다.

"화상은 수행을 합니까, 하지 않습니까?"

본정 화상이 대답했다.

"나의 수행은 그대들의 입장과는 다르다. 그대들은 먼저 수행한 뒤에 깨닫는다[先修後悟]. 나는 먼저 깨닫고 난 뒤에 수행한다[先悟後修]. 먼저 수행한 뒤에 깨닫는 것은 공功의 자취가 남아 있는 공功이기 때문에 그 공功은 생멸로 돌아간다. 만약 먼저 깨닫고 뒤에 수행하면 이것은 공功의 자취가 없는 공功이므로 그 공은 헛되이 없어지지 않는다."

이 말은 영명연수 선사의 『종경록』 제15권에 실려 있는 법문이다. 우리가 일반적으로 생각하면, 먼저 수행하고 그 수행의 결과로 깨닫는 '선수후오'가 옳다고 생각하기 쉽다. 그러나 조사는 분명하게 먼저 깨닫고 난 뒤에 그 깨달음에 의거하여 수행해야 한다는 '선오후수'를 주장하고 있다. 사공본정은 육조 혜능 선사의 상수 제자이다.

선수후오에서의 수행은 깨달음의 원인으로 주어지는 수단이다. 수단으로서의 수행은 반드시 그 공력功力의 자취가 깃들게 되어 공이 있는 공[有功之功]이 되어 생멸심으로 타락하게 된다. 이렇게 되면 수행과 깨달음이 이원화되어 수행은 단지 깨달음을 이루는 수단으로 전락하고, 깨달음은 수행의 목적이 되는 대상경계로 남게 된다. 깨달음을 대상화하게 되면 일상의 삶과 이원화되어 불이법문에 어긋나게 된다.

돈오에는 해오解悟와 증오證悟가 있다. 해오와 증오를 비유하여 말하면, 해오는 한 치 앞을 볼 수 없는 캄캄한 밤길을 걸어가는데 문득 벼락이 쳐서 길과 주변이 일시적으로 밝아지는 것과 같고, 증오는 아침에 해가 떠올라 온 대지가 밝아지는 것과 같다. 해오를 하든 증오를 하든 이미 밝음을 체득하고 가는 길이기 때문에 무명의 밤길을 걸어가는 것과는 차원이 다르다.

물론 해오는 일시적 밝음이라 다시 어두운 길을 걸어가야 한다. 해오하고 난 뒤에 이에 의거해서 증오로 나아가는 것이 해오 이후의 선오후수이고, 증오하고 난 뒤에 이를 의거해서 불지佛地로 나아가면 증오 이후의 선오후수가 되는 것이다.

어두운 밤길을 가려면 온몸으로 더듬어 나아갈 수밖에 없다. 이것을 닦음에 비유하면 번갯불이 번쩍하기 전이기 때문에 온몸으로 더듬어 가는 '더듬수'에 지나지 않는다. 이것이 선수후오의 닦음이다.

그러나 아침 햇살이 빛나는 밝은 길을 가는 것은 정안正眼을 갖추어 정도正道를 걸어가는 것이다. 이것이 선오후수의 닦음이다. 즉 먼저 깨닫고 난 뒤에 닦음은 깨달음에 의거하여 닦는 닦음이라 사도와 외도의 길로 나아가지 않고 정도로 나아가게 된다. 특히 증오 이후의 닦음은 지혜와 방편의 안목으로 닦되 닦음의 자취가 없이 닦는 '무수지수無修之修'가 되는 것이다. 조사는 깨닫고 난 뒤의 닦음이 진실한 닦음이라고 말하고 있다.

『능엄경』에 설하였다.

이치는 단박에 깨달아	理則頓悟
깨달음과 함께 소멸되지만	乘悟併銷
현상은 단박에 없어지지 않아	事非頓除
차제로 닦음으로 인하여 다한다.	因次第盡

이치는 단박에 깨달을 수 있으며, 그 깨달음에 의거하여 망념을 여의고 본성을 드러낼 수 있다. 그러나 다겁생으로 익혀 온 업식은 단박에 소멸되지 않는다. 반드시 깨달음의 힘을 빌려 점차로 소멸해 나가야 한다. 이것이 천성千聖의 궤철(軌轍: 법칙)이다.

견성오도하여 생사해탈하고자 하는 수행자는 먼저 정법의 안목을 갖추어야 한다. 이것이 정견의 확립이다. 그런 다음에 견성성불 요익중생을 견고히 하는 발심이 갖추어져야 한다. 정견과 발심이 갖추어지면 수증에 별 어려움이 없게 된다. 이미 반개도인半個道人이 된 것이기 때문이다.

❋

본성은 서로 같지만
습기가 서로 다를 뿐이다.

생이 곧 무생이다

설두중현 선사는 생生과 무생無生의 선정겸수禪淨兼修를 이렇게 말했다.

왕생함은 결정적으로 왕생하나	生則決定生
가는 것인즉 실로 가는 것이 아니다.	去則實不去
가는 것은 결정적으로 가지만	去則決定去
왕생함인즉 실로 왕생함이 아니다.	生則實不生

극락세계에 태어난다는 것은 태어나도 태어남이 없고[生而無生], 또한 태어남 없이 태어나니[無生而生], 이것을 연화생蓮華生이라 한다. 그것은 생이 곧 무생이고, 무생이 곧 생이기 때문이다.

천태산 고명사 유계전등 대사는 이렇게 말하고 있다.
"마음이 곧 부처요, 부처가 곧 마음이며, 마음이 바로 국토요, 국토가 바로 마음이다. 마음이 곧 과보요, 과보가 곧 마음이다. 주체의 인연이든 객체의 법이든 그 당처는 모두 마음의 성품이다. 그러므로 이 심종心宗을 밝혀 서방정토를 구하는 것은 생과 무생이 모두 계합된 구경의 지극한 도이다.

일심이 정토淨土를 장엄하고, 일심이 예토穢土를 건설한다. 일심이 청정하면 정토요, 일심이 오염되면 예토이다. 온전한 성품이 닦음을 일으키고[全性起修], 온전한 닦음은 성품에 있다[全修在性]. 수행한다고 하나 이것은 온전한 성품의 자기 발현이며, 성품이기는 하나 온전한 수행이 그 가운데 있다. 그러므로 일심의 성품을 밝히는 것이 정토에 태어나는 것이 된다. 일심의 성품을 밝히는 것이 견성이기에, 견성이 곧 왕생이 되는 것이다. 이것이 선과 염불을 함께 닦는 선정쌍수禪淨雙修이다."

『허운화상법휘』에서 선정겸수에 대해 이렇게 설하고 있다.

"선이든 정토를 향한 염불이든 본래 모두 석가모니 부처님께서 친히 말씀하신 것이다. 도에는 본래 둘이 없다. 중생의 근기에 따라 방편으로 중생을 교화한 것에 불과하다. 중국에서 8종의 종파로 나누어진 것도 당시 세상의 추세에 따라 대기설법한 것일 뿐이다. 자기 본성을 체달한 사람에게는 어느 문이든 모두 도에 들어가는 오묘한 문이요, 높고 낮음이란 있을 수 없다. 게다가 모든 법이 본래 서로 통하여 원융무애한 것이다. 예를 들어 어떤 사람이 망상 없이 오롯한 마음으로 아미타불을 염한다면 그것이 어찌 선을 참구하는 것과 같지 않다고 하겠는가. … 선은 정토 속에 있는 선이고, 또한 정토는 선 안에 있는 정토이다. 본래 선과 정토는 상호 보완하는 작용을 한다."

인광 대사는 "염불하면 아미타불을 친견하고[念佛見佛], 결단코 왕생극락한다[決定往西]."라고 말했다. 청화 선사 또한 "걸음걸음마다 아미타불 부르고 불러[步步聲聲], 생각 생각에 오직 아미타불만 있게 하라[念念唯在 阿彌陀佛]."라고 하였다. 보현보살 대원에도 간절히 정토를 발원하고 있다.

"원컨대 내가 임종할 때에 모든 장애를 없애고 아미타불을 친견하고 극락세계에 왕생하기를 원합니다."

❀

정토가 어디인가?
생각 끊어진 그곳이라네.

한마디 말

곧 윤회하는 것이 없다면, 생사의 법은 없다.
이미 만법이 허공의 꽃과 같다는 것을 알았으니
어찌 다시 생사윤회하는 일을 볼 수가 있겠는가?
환단 한 알을 쇠에 붙이면 금이 되고
진실한 이치 한마디가 범부를 바꾸어 부처가 되게 한다.

규봉종밀 선사의 말이다. 실로 윤회 전생하는 일이 없다면 나고 죽는 생사의 법은 있을 수 없고, 생사의 법이 없다면 어떻게 윤회의 고통이 있겠는가. 다만 중생이 생사를 윤회하는 것은 일체 만법이 허공의 꽃과 같이 텅 비어 실체가 없음을 모르기 때문이다. 그러므로 생사의 윤회가 있기에 열반의 해탈을 이룰 수 있다. 중생의 생사 윤회가 없다면 굳이 부처의 열반 해탈을 말할 필요가 있겠는가.

경에 오온이 다 공함을 비추어 보아 일체의 고통과 액난으로부터 벗어날 수 있다고 하였다. 만법이 허공의 꽃임을 일러 주는 진실된 한마디가 미혹 중생을 바꾸어 깨달은 부처가 되게 하니, 한 알의 환단으로써 쇠를 금으로 바꾸는 것과 같다고 하겠다.

환단은 신선이 되는 환약으로서 한 알을 복용하면 백일 안에 신선이 되고, 머리 위에 붉은 새와 봉황이 무리지어 날고, 옥녀玉女가 주위에서 시중을 든다고 하였다. 그리고 그 영단을 철물에 찍으면 철이 그대로 황금으로 변한다고 하였다. 환단 한 알이 쇠를 황금으로 변하게 하는 신통묘용이 있는 것처럼 진실된 한마디 법문은 중생을 부처로 거듭나게 하는 묘약이다.

『명심보감』「성심편」에 이르길, "황금 천 냥이 귀하다고 할 수 없다. 훌륭한 사람의 한마디 말이 천금보다 더 소중하다."라고 하였다. 항하의 모래알처럼 많은 칠보탑을 쌓는다 하더라도 지극한 일구의 가르침을 받들어 잠시 잠깐 고요히 앉아 좌선하는 것이 더욱 수승하다고『화엄경』은 설하고 있다.

만약 일순간이라도 고요히 앉아 마음을 닦는다면
항하의 모래같이 많은 칠보탑을 세우는 것보다 수승하다.
칠보의 탑은 필경에 무너져 먼지가 되지만
한 생각 청정한 마음은 정각의 부처를 이룬다.
若人靜坐一須臾 勝造恒沙七寶塔
寶塔畢竟壞微塵 一念淨心成正覺

이와 같은 맥락에서 여러 경전에 한결같이 설하기를, 동서남북 사유 상하에 가득한 칠보로 보시하더라도, 사구 게송 한 편을 수지 독송하고 다른 이를 위해 설해 주는 공덕이 더 수승하다고 하였다.

그러나 아무리 지극한 최상승의 일구一句라 하더라도 받아들이는 사람의 자세에 따라 그 효용은 완전히 다른 결과를 낳게 될 수 있다. 독사가 물을 마시면 독이 되고, 소가 물을 마시면 우유가 되는 법이다. 경허 선사가 말했다.

"열린 마음으로 들으면 시중의 헛소리도 용궁보장이 될 수 있고, 닫힌 마음으로 들으면 용궁보장도 시중잡담이 된다."

스스로 마음을 비우고 법을 들을 자세가 된 수행자는 설사 반구半句의 법문에도 업식이 녹아내리고 심지가 열리게 된다.

❀

천년 묵은 종이가
심병을 치료한다.

옛 그대로더라

표충사 해산수진 선사의 게송이다.

눈을 감고 보아도 보는 것이 분명하고	合眼察而示分明
몸과 마음 선정에 들어 만행이 갖춰졌네.	身心把定萬行俱
세간을 원하지 않는 것도 세간의 일이며	世間不願世間事
모든 연을 끊어 버리는 것도 역시 연이다.	諸緣放下亦是緣

보살은 세간을 떠나지 않고 생사를 벗어나고, 연을 끊지 않고 연으로부터 자유롭다. 해산 선사가 젊은 시절 표충사에서 참선에 몰두할 때였다. 늦가을 아궁이에 불을 지피다가 삼매에 들어 바지에 불이 붙는 것도 모르고 있다가 깨어나서, 공부에 힘을 느끼고 가행 정진을 결심했다. 은사 담월 선사께 진불암에 올라가서 공부하겠다고 여쭈니, 흔쾌히 "그래, 중은 공부를 해야지." 하시며 양식을 마련해 주었다.

진불암 옆에는 석벽이 하나 있었는데 그 벼랑 위에는 한 사람이 앉을 만한 바위가 있었다. 졸다가 떨어져 죽더라도 공부하다가 죽는 것이니 다행이라 생각하고, 그 바위에 앉아 밤낮으로 정진을 이어갔다. 그러던 어느 날, 이른 저녁 공양을 지어 먹고 남은 밥 한 그릇을 솥 안에 넣어 두고서, 설거지한 손을 옷에 문지르면서 바위에 올라가 앉았다. 시간이 얼마나 흘러갔는지 몰랐다. 갑자기 회오리바람 한 자락이 일어나 억새풀을 양옆으로 가르며 지나가는 것을 물끄러미 쳐다보고 있었다.

그런데 불현듯 머리 위에 무엇이 얹혀 있다는 느낌이 들어서 손으로 훔쳐 보니 눈이었다. 고개를 들어 바라보니, 골짜기 전체가 백설로 환하게 밝은 것 같았다. 시장기가 돌아 공양간에 가서 솥을 열어 보니, 밥에 곰팡이가 슬어 있었다. 추운 겨울이었는데도 말이다. 몇 날이 지났는지 모르고 선정에 들어 있었던 것이다.

뒷날 선사가 말했다.

"그때가 내가 몸뚱이 머슴살이 면한 때다."

제자가 물었다.

"몸뚱이 머슴살이 면하니, 어떠했습니까?"

"확실히 알았다."

"확실히 알았다는 것은 무슨 뜻입니까?"

"산은 산, 물은 물, 옛사람은 옛사람이요, 옛산은 옛산이라, 옛 그대로더라."

"그대로인데 알 게 뭐 있습니까?"

"일체만상一切萬像에 의심이 없더라."

이때 선사 나이 스물다섯이었다.

근현대를 살다 간 해산 선사는 화두참구로 확철대오한 명안종사임에도 불구하고 평소에 늘 호미 들고 풀을 매는 것이 일과였다. 하루는 제자가 물었다.

"스님, 아침마다 풀도 없는 땅에 왜 호미질을 합니까?"

선사는 기다렸다는 듯이 대답했다.

"그러면 풀이 나기를 기다렸다가 풀을 매야 하는 기가? 그때는 이미 늦는 기라."

어느 날 또 풀을 매다가 머릿속이 온통 번뇌로만 가득 차 있던 제자가 다시 물었다.

"스님, 왜 이렇게 잡초가 많습니까?"

"흙 자체가 풀씨 아니냐."

번뇌가 보리의 자체에서 나오듯 풀씨가 흙 자체에서 나오는 것이리라. 번뇌를 다스려 보리를 얻으니, 번뇌가 불종자이다. 풀이 있어도 풀을 매고 풀이 없어도 풀을 매는 것이 수행자의 삶이요, 수행 그 자체이다. 이렇듯 말없이 '백장청규'를 온몸으로 실행하고 있었다. 선사는 이렇게 읊고 있다.

백팔 번뇌가 바로 법이니	百八煩惱卽是法
법이란 것이 바로 번뇌의 성품이다.	法法卽是煩惱性
일체의 망상이 마음에서 일어나니	一切妄想從心起
망상과 번뇌가 모두 묘한 이치로다.	妄想煩惱皆妙理

※

도는 마음을 맞게 잘 쓰는 데 있다[道在善用心].

골수를 얻다

달마 대사가 어느 날 제자들에게 말하였다.

"떠나야 할 시기가 가까워졌다. 그대들은 제각기 얻은 바를 말해 보라."

이때 도부라는 제자가 대답하였다.

"문자에 집착하지도 않고 여의지도 않는 것을 도의 작용으로 삼 습니다."

"그대는 나의 가죽을 얻었다."

총지 비구니가 대답하였다.

"경희가 아촉불의 국토를 보는 것 같아 한 번 보고는 다시 보지 않습니다."

"그대는 나의 살을 얻었다."

도육이 대답하였다.

"사대가 본래 공하고, 오온이 본래 없으니, 한 법도 마음에 둘 것 이 없습니다."

"그대는 나의 뼈를 얻었다."

마지막으로 혜가가 나와서 절을 세 번 하고 자리에 서 있었다.

"그대는 나의 골수를 얻었다."

그러고는 가사와 법을 전해 주었다.

취암 선사가 송하기를 "형제가 제각기 공능을 뽐냈는데, 형님만 몹시도 가난했구나. 세 번 절하고서 한마디도 없으니, 콧구멍이 처져서 입술을 덮었네."라고 하였다. 도는 가난해서 아무것도 얻을 바가 없어야 한다. 일체를 소탕하는 것이 깨달음의 경지이다. 무위의 법은 본래 얻을 바가 없다. 오직 혜가만이 무소득의 가난을 얻은 사람이라 인가를 받아 적통이 되었다.

한편 이 일을 두고 종문에 어찌 찬양만이 고무했겠는가. 고덕의 쓴소리도 한번 들어 보자.

"이조 혜가가 비록 털끝만큼도 틀리지 않고 깊이 법의 근원을 통달했으나 자세히 점검해 보건대 마치 졸장부 모양으로 남의 처분 따라 움직이는구나. 말해 보라. 나에게는 무슨 별다른 장점이 있는가? 장부에게는 원래부터 하늘을 찌를 기개가 있으니 여래가 행하던 것도 행하지 말라고 하였다."

'남의 처분 따라 움직인다.'라는 말은 앞의 세 제자가 밑밥을 깔아 주니 공짜로 얻고 있음을 빗댄 것이요, 불조가 이미 보여 준 바를 흉내 내었다는 말이다. 혹은 유마의 침묵을 두고 하는 말이겠다. 부처를 만나면 부처를 죽이고, 조사를 만나면 조사를 죽일 뿐, 구경에는 부처와 조사마저도 의지해서는 안 된다. 그래서 부처가 간 길마저 가지 않는다고 하는 것이다. 세존이 탄생하시어 '하늘 위 하늘 아래에 오직 나 홀로 높다.'라고 사자후하신 의미가 여기에 있다.

찬양과 비판이 모두 법을 세우고 있다.

규봉 선사는 또한 이렇게 해석하고 있다.

"달마가 말하기를, 세 사람이 모두 나의 법을 얻었는데 깊고 얕음의 차별이 있다. 총지 비구니가 얻은 바가 '살과 같다'고 한 것은 번뇌를 끊고 보리를 얻는다는 것이요, 도육이 얻은 바가 '뼈와 같다'고 한 것은 미혹함은 번뇌요 깨달음은 보리라는 것이며, 혜가가 '골수를 얻었다'고 함은 번뇌가 곧 보리라는 뜻이다."

여기서 도부를 제외한 것은 문 안에 들지 못했기 때문이란다.

번뇌를 끊고 보리를 얻는다는 것은 양변에 떨어짐이요, 미혹함은 번뇌요 깨달음은 보리라는 말 또한 미혹과 깨달음의 분별적 차원을 완전히 떨치지 못한 것이며, 번뇌가 곧 보리란 것은 불이중도의 구경각을 이룸이다. 『석론』에서 "계는 가죽이요, 선정은 살이요, 지혜는 뼈요, 미묘하고 깨끗한 마음은 골수다."라고 하였다. 그렇다 하더라도 뼈 없는 골수 없고, 살 없는 뼈가 없고, 가죽 없는 살이 없다. 각각의 묘용이 무궁할 뿐이다.

❀

혜가가 말없이 서 있음은
유마의 불이법문을 흉내 낸 것인가,
아니면 자신의 독자적 기봉인가?

죄를 가지고 오너라

어떤 거사(승찬)가 혜가에게 참배하고 바로 물었다.

"제자는 몸에 풍질을 앓았습니다. 청컨대 화상께서는 죄업을 참회시켜 주십시오."

혜가가 말하였다.

"너의 죄업을 가지고 오너라. 그러면 내가 너를 위해 참회시켜 주겠다."

거사가 말했다.

"죄업을 찾아도 찾을 수가 없습니다."

"내가 지금 이미 너를 위해 참회를 마쳤노라."

승찬은 젊어서 풍질(문둥병)을 앓았다. 일반적으로 사람들은 전생에 죄업이 무거워 풍질에 걸렸다고 생각한다. 천신만고 끝에 풍질에 차도가 있어 그 무거운 죄업을 참회코자 혜가 대사를 찾아왔다.

죄가 어디 있는가. 과보는 있어도 성품은 없다. 찾아도 찾을 수가 없고, 가져오려고 해도 가져올 수가 없다. 그래서 승찬 역시 죄업을 찾아도 찾을 도리가 없다고 고백한다. 그렇다. 찾을 수 없는 죄업이라면 그 죄업은 본래 무자성無自性인 것이다. 죄는 마음으로 짓는 것이다. 마음의 성품이 본래 공하므로 죄의 성품 또한 공하다. 따라서 죄를 소멸하기 위해서는 마음의 성품이 공함을 체득해야 한다.

실로 마음이 실체가 없어 찾을 수 없듯이 죄의 자성 또한 공하여 찾으려야 찾을 길이 없다. 죄의 성품을 찾을 수 없다면 이미 죄라는 그림자는 자취가 사라진 것이다. 그러므로 '참회를 마쳤다.'라고 하는 것이다.

죄의 성품은 안에도 밖에도 중간에도 없다. 오직 마음에 업의 그림자로 찍혀 있을 뿐이다. 마음이 본래 공한데 마음의 그림자인 죄성罪性이 어디에 발을 붙일 수 있겠는가. 마음 안에도 마음 밖에도 그리고 그 중간 어디에도 죄업의 성품은 없다. 그러므로 경은 설한다.

"죄의 자성 본래 없어 마음 따라 일어나네. 마음이 만약 멸할 때에 죄 역시 사라지네. 죄가 사라지고 마음이 소멸해 둘 다 공하면, 이것을 이름하여 참다운 참회라 하네."

오늘 누가 와서 참회법을 물으니, 만일 이 가운데서 마음과 자취가 모두 없어지면 멸죄가 이루어지겠지만 이름과 모습이 일어나면 흙탕물에 진흙을 씻는 격이 된다. 당연히 나쁜 죄를 지어 남에게 피해를 준 자에게는 참회법을 설해 주어 다시는 죄상을 짓지 않게 일러 주어야 한다. 또한 죄를 짓고 죄의식에 사로잡혀 있는 자에게는 죄의 성품이 본래 공함을 일러 주어 두려움으로부터 해방시켜 주는 것이 중도의 가르침이다.

참회란 단순히 잘못된 행위에 대해 관념적으로 반성한다든가 그

행위를 조금씩 고쳐 나가는 것으로 이루어지지 않는다. 죄업의 뿌리가 본래 공함을 요달하여 죄업이 그대로 바라밀행으로 주어지게 하는 것이 진정한 참회공덕이다.

❀

잘못됨을 뉘우침이 참이요,
다시는 잘못을 짓지 않겠다는 다짐이 회이다.

내가 아닌 나

『상윳타니카야』에서 설한다.

차마라는 비구가 병으로 누워 있을 때, 여러 비구가 병문안을 왔다.
"어떤가, 견딜 만한가?"
"어찌나 아픈지 견딜 수가 없네."
그때 한 비구가 그를 위로하고자 말했다.
"세존께서는 무아의 가르침을 설하지 않았는가."
그러자 차마는 "나는 '나'가 있다고 생각한다."라고 대답했다.
이에 여러 비구들이 따지고 들자 차마가 말했다.
"벗들이여, '나'가 있다는 것은 이 몸이 '나'라는 뜻이 아니다. 또 감각이나 의식을 가리키는 것도 아니다. 또 그것들을 떠나서 따로 '나'가 있다는 뜻도 아니다. 벗들이여, 예를 들면 꽃의 향기와 같다. 만약 어떤 사람이 꽃잎에 향기가 있다고 한다면, 이 말이 맞다고 하겠는가. 줄기에 향기가 있다고 한다면, 이 말이 맞다고 하겠는가. 또 꽃술에 향기가 있다고 한다면 어떻겠는가. 역시 향기가 꽃에서 난다고 할 수밖에 없지 않은가. 그것과 마찬가지로 몸이나 감각이

나 의식을 '나'라고 하는 것은 옳지 않다. 또 그것을 떠나서 따로 '나의 본질'이 있다고 하는 것도 옳지 않다. 나는 그것들의 통일된 형태를 '나'라고 하는 것이다."

나는 내가 없는 나요, 내가 아닌 나다. 내가 없는 나, 내가 아닌 나를 분명하게 깨달아야 한다. 나이면서 내가 아니고, 내가 아니면서 나인 도리에 상응하는 것이 깨달음이다.『밀린다왕문경』에서 말하기를, 굴대, 바퀴, 바퀴살 등 구성요소들이 서로 인연이 되어 만들어진 것을 수레라는 이름으로 부르는 것과 같이, 사람도 역시 몸을 이루는 요소들과 정신작용이 서로 인연으로 결합되어 있는 것을 '나'라고 부를 뿐이라고 하였다.

지금 보고 듣고 느끼고 아는 이 자리를 떠나 참나, 주인공이 따로 존재하고 있다는 상견常見도 세우지 말고, 이것 말고는 아무것도 없다는 단견斷見도 세우지 말라. 상견을 당해서는 있지 않다[非有]고 파하고, 단견을 만나서는 없지 않다[非無]고 세우니, 파하고 세우는 방편에 자재할 때 불이중도가 드러난다.

❀
꽃이 꽃 아닌 꽃이기에 향기가 있듯이
내가 나 아닌 나인 줄 알면 깨달음이 있다.

말 넘어 분명한 소식

평생을 부끄럽게 입으로 재잘거렸더니	平生慚愧口喃喃
종국에 백억의 말 초월함을 분명하게 알았네.	末後了然超百億
말 있음과 말 없음 함께 틀리니	有言無言俱不是
엎드려 청하노니 모든 사람 스스로 깨닫기를.	伏請諸人須自覺

서산대사의 상수 제자 가운데 한 분인 정관일선 선사의 시이다. 평생 동안 입으로 한 말 모두가 뭇 새들의 재잘거림과 무엇이 다르겠는가. 진리는 백억의 말로 드러낼 수 없기에 말 이전의 소식을 들먹이는 것이다. 침묵과 웅변이 어찌 다르겠는가. 오로지 스스로 증득하여 고개를 끄덕여야 할 뿐 달리 방법이 없다.

아무리 응기설법應機說法으로 한 말일지언정 횡야설 수야설 지껄인 말에 대한 통렬한 반성으로 부끄럽기 짝이 없다. 팔만 사천 법문이 모두 방편 시설이기에 부처님께서도 『능가경』에서 '일자불설一字不說'이라고 하셨다. 부처님께서는 당신이 설하신 교법을 뗏목에 비유하시며, 강을 건넌 사람은 뗏목을 버리듯이 나의 법마저 버려야 되거늘 법 아닌 것들이야 말할 나위도 없다고 설하고 있다.

성철 선사께서도 살아생전에 자주 말하기를, "내 말에 속지 말라. 나는 거짓말하는 사람이여."라고 하였다. 말이란 달을 가리키는 손가락에 불과하다. 손가락은 달이라는 진리를 터득하게 하는 도구에 지나지 않는다. 손가락에 집착하면 영원히 달을 볼 수 없다. 그러므로 말에 속지 말라고 굳이 강조하는 것이다.

급기야 성철 스님은 임종게에서조차 "일생 동안 남녀의 무리를 속여서[生平欺狂男女群], 하늘을 넘치는 죄업은 수미산을 지나친다[彌天罪業過須彌]."라고 일깨워 주고 있다. 어리석은 자들은 꿈에도 이 게송의 깊은 도리를 모르고 헛소리를 재잘거리고 있으니 웃고 넘어갈 일이다. 임제는 더 심한 방편을 쓰고 있다.

"부처를 만나면 부처를 죽이고, 스승을 만나면 스승을 죽여라."

이 모두가 생각과 말과 사람에 의거하지 말고 자신과 법을 등불로 삼으라는 역설의 방편을 구사한 것이다. 온갖 망념의 바탕인 개념을 떨쳐 버리고 언어문자의 한계를 뛰어넘어야 진리의 성으로 당당하게 들어갈 수 있다.

금가루가 아무리 귀하다고 하나 눈에 들어가면 병이 된다고 하지 않았던가. 예로부터 말과 글로 선지식 된 사람이 많다고 하였다. 말과 글로 나를 구제할 수 없다. 백억의 말을 초월해야 말길이 끊어지고[言語道斷], 마음길마저 멸해 버린[心行處滅] 깨달음의 길로 나아갈 수 있다.

그렇다고 말없이 침묵하면 진리가 현전되는가. 유구有句 무구無句가 다 병통인 것은 마찬가지이다. 그래서 조사는 "말해도 삼십방이요, 말하지 않아도 삼십방"이라고 엄포를 놓는 것이다. 따라서 선종에서는 "말에 묶이지도 말고, 말을 여의지도 말라."라고 하는 부즉불리不卽不離라고 하는 언어의 중도관을 피력하고 있는 것이다.

　세상 사람들에게 간절히 청하노니, 말의 몸통[話體]을 잘 사용하되 말에 속아 말꼬리[話尾]를 잡지 말고, 말 이전의 소식인 말머리[話頭]를 참구해야 본분사를 해결할 수 있다. 화두를 참구하고 참구하다 보면 스스로 생각 이전 소식을 깨달아 고개 끄덕일 날이 올 것이다.

❀

입으로 읽지 말고 뜻으로 읽고
뜻으로 읽지 말고 온몸으로 읽어라.

보는 바 없이 보라

어떤 스님이 하택신회 선사에게 물었다.

"어떤 것이 보는 바가 없는 것입니까?"

"일체 대상을 볼 때, 그것에 대해 좋고 싫은 생각을 일으키지 않는다면 이는 부처가 대상을 보는 것과 같아서, 보되 보는 바가 없는 것이다."

보되 보는 바가 없어서 좋고 싫음이 없고, 듣되 듣는 바가 없어서 취하고 버림이 없으며, 생각하되 생각하는 바가 없어서 일체 경계에 걸림 없음이 깨달은 경지이다. 거울은 항상 비출 뿐 단 한 번도 그 대상을 붙잡지 않고, 호수는 하늘의 달을 비출 뿐 단 한 번도 달을 취하려 하지 않는다.

이처럼 좋고 싫음을 떠날 때 비추되 비춘 바가 없다고 말한다. 물속에 비친 달[水中月]과 같이, 거울에 비친 상[鏡中像]과 같이, 보되 보는 바 없이 보는 것이 참되게 보는 것이다.

✿

보는 자도 없고 보이는 것도 없어야
바르게 보는 것[正見]이다.

참부처가 머무는 곳

앙산혜적 선사는 스승 위산영우 선사와 더불어 위앙종을 개창한 분이다. 혜적이 대위산에 나아가 위산영우에게 참문하였다.

영우가 물었다.

"너는 주인 있는 사미이냐, 주인 없는 사미이냐?"

혜적이 답했다.

"주인이 있습니다."

"어느 곳에 있느냐?"

혜적이 서쪽으로부터 동쪽에 이르러 섰다. 영우가 이인異人임을 알고 바로 수시垂示하였다.

어느 날 혜적이 스승에게 물었다.

"어떤 것이 참부처가 머무는 곳입니까?"

"생각하되 생각함이 없는 묘용으로써 신령한 불꽃의 무궁함을 돌이켜 생각하되, 생각이 다하여 근원으로 돌아가면 성性과 상相이 항상 머무르고, 이理와 사事가 둘이 아니라서 참부처가 여여하리라."

이 말 아래 혜적은 단박 깨달았다.

이로부터 대위산에서 15년을 머물며 스승을 시봉하였다. 이후 원주의 앙산仰山에서 행화하였기에 앙산혜적이라고 부르게 되었다. 여기서 말한 신령한 불꽃은 다름 아닌 불성을 지칭하는 것이다. 이 진여불성의 무궁한 작용이 바로 생각하되 생각함이 없는 무념이다. 회광반조하여 생각이 다한 근원을 깨치면 성상융회性相融會하고 이사불이理事不二하여 진불眞佛이 여여하게 드러나게 되는 것이다.

뒷날 소주 동평산에 머물다 입적에 이르러 게송을 남겼다.

나이는 가득 찬 칠십칠	年滿七十七
무상이 오늘에 있네.	無常在今日
해가 딱 정오에 이르니	日輪正當午
양손으로 굽은 무릎을 잡네.	兩手攀屈膝

『종문통요집』제5권에 앙산혜적 선사를 중국의 소석가라고 부르게 된 연유를 이렇게 밝히고 있다.

어느 날 신통한 범승梵僧이 허공을 날아 나타나서 앙산화상께 예를 올리며 섰다. 앙산 화상이 "그대는 어디서 왔는가?"라고 묻자, 범승이 "아침에 서천을 떠나 왔다."라고 대답했다. 앙산이 "너무 늦게 온 것 아니냐?"라고 말하자, "산천 유람하고 왔지요."라고 대답했다. 앙산 화상이 "신통묘용은 그대가 뛰어나지만, 불법은 반드시 이 노승에게 물어야 한다."라고 말했다. 그 범승은 "특별히 동쪽에 와서 문수를 예배하고 소석가를 만났다."라고 말하고 드디어 서천의 패엽경전을 앙산 화상께 건네주고 구름을 타고 허공으로 치솟아 갔다.

다음은 『조당집』 18권에 실려 있는 앙산의 법문이다.

"그대들 모두 각자 광채를 돌이키고 자신을 되찾되, 나의 말만 기억하지 말라. 나는 시작 없는 예부터 밝음을 등지고 어둠을 향하여 허망을 쫓는 뿌리가 깊어져 결국 뽑기 어렵게 된 그대들을 가엾게 여긴다. 그러므로 임시방편을 사용하여 여러분들이 무량겁 동안 쌓은 나쁜 지식을 뽑아 버리려고 한다. 마치 누른 나뭇잎으로 아기의 울음을 달래는 것과 같다.

이는 또 어떤 사람이 백 가지 재물과 금은보화를 한 자리에 뒤섞어 놓고 찾아온 사람의 정도에 맞추어 물건을 파는 것과 같다 하리라. 그러므로 말하기를, 석두는 진금포(眞金鋪: 순금 가게)이지만 나는 잡화포雜貨鋪이니, 찾아온 손님이 잡화를 찾으면 잡화를 주고, 순금을 찾으면 순금을 준다."

이때 어떤 사람이 물었다.

"잡화포는 묻지 않겠습니다. 어떤 것이 화상의 진금포입니까?"

이에 앙산 선사가 대답했다.

"화살촉을 물고 입을 열려는 이는 나귀 해가 와도 알지 못한다."

❀

그대는 진금포인가, 잡화포인가?
걸어서 물이 다한 곳에 이르고
앉아서 구름이 일어나는 때를 본다.

있는 그대로 보아라

나한계침 선사가 법안 스님과 도반 두 사람을 전송하면서 물었다.

"상좌여, 그대들은 평소에 삼계가 오직 마음이라고 하였느니라."

그러고는 손가락으로 뜰 아래에 있는 돌을 가리키며 말했다.

"이 돌이 마음 안에 있는가, 마음 밖에 있는가?"

이에 법안 선사가 말했다.

"마음 안에 있습니다."

계침 선사가 웃으면서 말하였다.

"먼 길을 다니며 행각을 하는 사람이 무슨 까닭으로 무거운 돌덩이를 마음에 담고 다니는가?"

이에 법안 선사가 크게 깨달았다.

마음으로 돌을 본다고 해서 돌이 마음 안에 들어온 것도 아니고, 마음 밖에 있는 것도 아니고, 그 중간에 있는 것도 아니다. 그렇다고 해서 마음을 떠나 있는 것도 아니다. 이때 돌은 마음의 돌이고, 마음은 돌의 마음일 뿐이다. 마음에 있는 것도 아니요, 마음을 여읜 것도 아니다. 이와 같이 중도로 보는 것이기에 보아도 본 바가 없게 되니, 일체 경계에 자유로울 뿐이다. 이 이치를 깨달으면 만물을 보더라도 마음에 걸림이 없게 된다.

그래서 계침 선사가 말하길, "참다운 불법을 논하자면, 모든 것을 그대로 보는 것이다."라고 하였다. 있는 그대로 보라는 말이다. 깨달음을 얻은 법안문익 선사가 뒷날 후학들을 위해 이런 게송을 남기고 있다.

가사 자락 걸치고 꽃 숲을 마주하니
오고 가는 인연이 서로가 같지 않네.
머리털은 오늘따라 희끗희끗 늙어 가고
꽃잎들은 예년처럼 다시 붉게 피는구나.
아리땁고 어여쁨도 이슬 따라 사라지고
저녁 바람 불어오면 고운 향기 흩어질 것을.
하필이면 잎이 다 진 그때가 되어서야
모든 것이 덧없이 허무한 줄 알겠는가.

❁
토끼뿔은 없다 할 필요가 없고
소뿔은 있다 할 필요가 없다.

일체 법의 근원

    의상대사의 법문은 『법성게』 외에는 크게 알려진 것이 별로 없다. 다만 『법계도기총수록法界圖記叢髓錄』에 오언사구 게송이 담겨 있는 것이 유일하다.

    모든 인연의 근본은 나이고   諸緣根本我

    일체법의 근원은 마음이다.   一切法源心

    말은 매우 중요한 종지이니   語言大要宗

    진실함이 선지식이다.   眞實善知識

    지금의 나는 시간과 공간의 총체적 인연의 결과이다. 눈으로 보면 보이는 대상과 인연을 맺고, 귀로 들으면 들리는 대상과 인연을 맺고, 뜻으로 생각하면 생각의 대상과 인연 맺어지는 능소(能所: 주체와 객체)의 결과가 바로 지금의 나이다. 그 인연 하나하나가 모두 나라는 결과로 드러난다.

    그리고 일체 법의 근원은 바로 마음이다. 일심의 진여로부터 만법이 생겨난다. 이 세계가 이미 존재하고 있는데, 내가 태어나 살다가 죽어 가는 것이 아니라, 나와 세계라는 일체 모든 것이 이 마음으로부터 일어나 현상 일체의 법을 연출하고 있을 뿐이다. 그러기에 나와 세계는 진여일심眞如一心의 드러난 현상에 불과한 것이다.

일심이 만들어 낸 거짓 모습이기에 "일체의 만들어진 현상이[一切有爲法] 마치 꿈과 같고, 허깨비와 같고, 물거품과 같고, 그림자와 같다[如夢幻泡影]."라고 말하는 것이다. 마음이 일체 법의 근원이기에 이 마음을 어떻게 쓰느냐에 따라 천당도 되고 지옥도 되어 육도윤회의 삶이 전개되는 것이다. 마음이 만들어 낸 윤회의 고통에 속지 말고, 고통 이전의 본래의 근본 마음으로 돌아가면 된다.

언어문자란 개념이다. 개념은 진리가 아니다. 허공의 구름과 같다. 허공이라는 말을 빌려 표현하지만, 이름도 모양도 없는 것[無名無相]이 허공 그 자체이다. 허공중에 떠 있는 구름은 허공이 만들어 낸 거짓된 현상에 불과하다. 그렇기 때문에 구름으로는 허공을 파악할 수 없다. 다만 구름 혹은 하늘이라는 개념을 통해 허공을 짐작할 뿐이다.

진리란 항상 개념을 떠나 있는 것이다. 진정한 진리는 개념으로 표현될 수 없기 때문이다. 그러나 개념을 통하지 않고는 진리로 나아갈 수 없다. 깨달음은 말로 표현할 수 없다. 그러나 말을 통하지 않고는 깨달음으로 나아갈 수 없다. 말은 개념이지만 개념이라는 허상의 징검다리를 통해 진리로 나아갈 수가 있다. 곧 말이 진리가 아니지만, 말을 여의고는 진리를 터득할 수 없는 것이다. 즉 한마디 한마디의 말은 진리와 통하는 중요한 길이 된다. 그러므로 말은 진리를 깨닫게 하는 매우 중요한 종지宗旨가 되는 것이다.

말이 중요한 길이라면, 진실은 말을 통해 진리의 길을 안내하는 선지식이 될 수밖에 없다. 『반야심경』의 결론은 '진실불허眞實不虛'이다. 색이 공이고 공이 색이라는 불이중도不二中道를 연설하고, 결국에 진실하여 허망함이 없음[眞實不虛]이 반야바라밀이라고 정의하고 있는 것이다. 온 세상이 하나의 진실한 법계[一眞法界]이며, 온 법계가 오직 하나의 모습[法界一相]일 뿐이다. 하나의 진실한 이것이 한 물건이요, 본래면목이요, 주인공이다.

사람이 진실하면 사람이 선지식이요, 달빛이 진실하면 달빛이 선지식이요, 바람이 진실하면 바람이 선지식이 되는 것이다. 진실은 사람, 달빛, 바람에 있는 것이 아니라 그 마음에 있는 것이다. 마음이 진실하면 일체 모두가 진실이 된다. 그래서 내 마음이 진실하지 못하면 용궁보장(龍宮寶藏: 화엄경)도 헛된 잠꼬대가 되고, 내 마음이 진실하면 시중잡담도 염화미소拈花微笑가 되는 것이다. 실로 생로병사가 고통이기는 하지만 무명이 본래 없는 근본 마음자리에서 보면 생로병사도 진실 그 자체가 될 것이다. 그러므로 생로병사 그대로가 참된 선지식이 되는 것이다.

그러므로 의상 대사도 앞의 사구게를 설하고 마지막으로 당부하기를, "너희들은 마땅히 마음을 잘 써라[當善用心]."라고 하였다. 수행이란 용심用心을 잘하는 것이다. 용심이란 마음을 잘 쓰는 것이다. 마음을 잘 쓰는 것이 무엇인가. 진진찰찰塵塵刹刹이 일진법계一眞法界라고 했다. 온 세상이 모두 하나의 참된 법계뿐이라면 거짓과 참됨이 어디에 따로 있겠는가. 깊은 신심으로 늘 해인삼매海印三昧에 들어 향상일로의 무량공덕을 지어 나가는 보현행자(불이행자)가 되는 것이 마음을 잘 쓰는 길이다.

❁

용심이 보살이다.

만물에 무심하면

방온 거사가 호남의 석두 선사와 강서의 마조 선사를 만나 '만법과 더불어 짝하지 않는 자'를 체득한 이후에 고향으로 돌아가 재산을 큰 배에 가득 싣고 상강에 내다 버렸다. 그리고 가족과 함께 산으로 들어가 토굴에 기거하며 산죽으로 조리를 만들어 팔아서 생활을 하면서 선수행에 전념하였다.

어느 날 방거사가 가족과 함께 방에서 쉬고 있다가 한마디 던졌다.

"어렵고 어렵고 어렵구나. 열 섬의 참깨를 나무 위에 편다는 것이여!"

부인이 그 말을 되받아서 말했다.

"쉽고도 쉽고도 쉽구나. 침상에서 내려와 발로 땅을 밟는 것이여!"

옆에 있던 딸 영조가 말했다.

"어렵지도 않고, 쉽지도 않구나. 백 가지 풀 끝에 조사의 뜻이여!"

인생의 행로에 어렵지 않은 일이 어디 있겠는가. 더군다나 가없는 중생이 본래부처임을 알지 못하고 벗어날 길이 없으니, 그 벗어남이 참으로 어렵고 어려운 일이다. 중생에서 부처로 나아가는 향상일로가 열려 있음에도 나아가지 않는 안타까움이 서려 있다.

반면에 부인은 쉽고 쉽다고 말하고 있다. 이른바 '침상에서 내려와 발로 땅을 밟는 것'과 같이 쉽다는 것이다. 위로 향하는 향상일로向上一路의 길은 어렵겠지만, 침상에서 내려오듯 아래로 향한 향하일로向下一路는 안전하고 쉬운 일이라는 것이다. 마음에 구함이 없으면 인생은 평탄길이 된다. 욕망을 벗어난 선자는 가도 감이 없고, 와도 옴이 없다. 구함은 위를 향함이요, 놓으면 아래를 향함이다.

이에 딸 영조가 향상과 향하의 양변을 여읜 중도로써 "어렵지도 않고, 쉽지도 않다."라고 말하고 있다. 무엇이 어렵지도 않고, 쉽지도 않는 것인가? "백 가지 풀 끝에 조사의 뜻[百草頭上祖師意]"이다. 이 말은 방거사가 딸 영조에게 물을 때 인용한 말로서 "밝고 밝은 백 가지 풀 끝에[明明百草頭], 밝고 밝은 조사의 뜻이로다[明明祖師意]." 라는 말이다. 지천으로 널려 있는 풀잎마다 조사가 전해 준 본분소식이 역력하다는 것이다. 영조는 어렵고 쉬움을 중도로 회통하고 있다.

방거사가 공부하는 사람에게 준 게송이다.

다만 스스로 만물에 무심하면   但自無心於萬物
만물이 둘러싸도 어찌 방해하랴.   何妨萬物常圍繞

철우*는 사자의 울음이 두렵지 않나니　　鐵牛不怕獅子吼
흡사 목인**이 꽃을 보는 것 같네.　　　恰似木人見花鳥
목인은 본래 좋고 싫음이 없어서　　　木人本體自無情
꽃과 새가 그를 보아도 놀라지 않네.　花鳥逢人亦不驚
마음경계 여여하여 다만 이러할진대　心境如如只遮是
보리도를 이루지 못할까 어찌 염려하랴.　何慮菩提道不成

❀

신통과 묘용은
물 긷고 나무하는 것이다.

---

* 철우鐵牛: 쇠로 만든 소.
** 목인木人: 나무로 만든 사람.

한 물건이 있어

태어남은 어디로 좇아 왔으며	生從何處來
죽음은 어디로 향해 가는가.	死向何處去
태어남은 한 조각 뜬구름이 일어남이요,	生也一片浮雲起
죽음은 뜬구름이 사라짐이다.	死也一片浮雲滅
뜬구름 자체가 본래 실체가 없으니	浮雲自體本無實
태어나고 죽고, 가고 옴도 또한 이와 같다.	生死去來亦如然
한 물건이 있어 항상 홀로 드러나	獨有一物常獨露
담연하여 나고 죽음을 따르지 않는다.	湛然不隨於生死

　이것이 자연이요, 인생이다. 일체가 공하지만 손에 상처가 나면 아프고, 생사가 본래 없다지만 죽음은 두렵다. 이것이 중생의 속성이다. 삶이 실체가 없다면 삶을 좋아할 것도 없고, 죽음 또한 실체가 없다면 죽음 또한 싫어할 것도 없다.

　여기 한 물건이 있어 나고 죽음을 따르지 않는다고 하나, 중생은 이 도리를 모르니 끊임없이 나고 죽으면서 고통 속에 윤회한다. 생사윤회의 고통을 벗어나는 한 길이 바로 이 한 물건을 깨우치는 것이다. 이 한 물건은 텅 비어 고요하기에 마치 없는 것 같기도 하지만, 날마다 날마다 견문각지로 쓰고 있다.

텅 비어 있는 본체의 입장에서는 "있지도 않다[非有]."라고 말하지만, 날마다 동정動靜 간에 쓰고 있는 작용의 입장에서는 "없지도 않다[非無]."라고 말한다. 있지도 않고 없지도 않은 이 한 물건을 주인공이라 하고 본래면목이라고도 한다. 따라서 혜능 선사는 한편으로 "본래 한 물건도 없다[本來無一物]."라고 말하고, 다른 한편으로는 "여기 한 물건이 있다."라고 말하면서, "이 한 물건이 무엇이냐?"라고 묻고 있는 것이다.

일생의 생사로 말하면 분단생사分段生死이지만, 오온이 공한 입장에서 보면 일념생사一念生死이다. 한 생각 일어남이 생生이요, 한 생각 사라짐이 사死라고 한다면, 한 생각 일으키지 않고 사라지지 않게 하면 생사윤회가 멈추게 된다. 문제는 한 생각[一念]에 있다. 생사를 벗어나는 것은 복잡한 것이 아니고 간단명료하다. 한 생각이 계속 일어나는 염념상속念念相續을 끊으면 된다. 계속 일어나고 있는 오만 가지 생각을 한 생각에 집중하여 지속시키고, 다음 이 한 생각마저 끊어지는 무념에 이르게 한다. 즉 만념萬念 → 일념一念 → 무념無念으로 나아가면 된다.

이 방법은 누구나 다 알고 있다. 그런데도 생사를 해탈하지 못하는 이유는 알지만 실천하지 않기 때문이다. 알고도 천겁 만겁 쌓인 업식에 오염되어 행하지 않는 것을 어쩌겠는가. 생의 마지막 일념이 일심불란一心不亂하여 나귀의 배 속에 들어가지 않고, 지옥의 끓는 물에도 들어가지 않으려면 어디 한번 발심해서 실천해 보자. 실천하는 것이 참선이다. 호흡으로 하면 안반선安般禪이고, 아미타불로 하면 염불선念佛禪이고, 화두로 하면 화두선話頭禪이다. 무엇으로 하든, 자신의 근기와 상황에 알맞은 방편을 택하면 된다. 한 방울 물방울이 바위를 뚫는 것은 집중과 지속에 있다.

한 생각 일어나면 바로 공空임을 깨달아라. 깨달으면 따라가지 않는다. 오온이 본래 공하여 몸과 마음은 내가 아니다. 자성은 생하지도 않고 멸하지도 않는다. 지극히 맑고 밝아 텅 비어 고요하여, 마음과 경계 사이에는 틈이 없다. 이런 가운데 짐짓 한 생각 일으켜 '이것이 무엇인가' 하고 투철하게 참구하라. 설사 부처를 만나도 좋아할 것 없고, 지옥을 만나더라도 두려워하지 말라. 오직 무심하라.

나옹 선사는 이렇게 격려하고 있다.

공부에 달라붙어 부디 쉬지 말지니
뒤치고 엎치면서 '이것이 무엇인가' 하라.
생각이 없어지면 모르는 사이에 공부가 되어
철저히 온몸에 바른 눈 열리리라.

❀
오직 실행하는 자만이 큰일을 이루고
쉼 없이 정진하는 자만이 대도를 이룬다.

길고 짧다

대나무밭을 산책하며 영준 스님이 취미 선사에게 물었다.
"무엇이 조사가 서쪽에서 온 분명한 뜻입니까?"
"사람이 아무도 없을 때 그대에게 말해 주겠다."
"사람이 없습니다. 지금 말씀해 주십시오."
선사가 대나무를 가리키며 말했다.
"이 한 줄기는 길고, 저 한 줄기는 짧다."

짧으면 짧은 대로 완전하며, 길면 긴 대로 무결하다. 그런데 세상은 짧은 것은 긴 것을 부러워하고, 긴 것은 짧은 것을 업신여긴다. 작으면 작은 대로 부처요, 크면 큰 대로 부처이니, 작은 부처 큰 부처 시비하지 말라. 길고 짧은 그대로 조사의 뜻이요, 부처의 현현이다. 지금 여기 있는 그대로가 부처이다.

❀

생긴 그대로가 부처이다.
학 다리를 잘라 짧게 할 수 없고
오리 다리를 늘여 길게 할 수도 없다.

마음이 움직인다

바람이 움직이는 것도 아니요,
깃발이 움직이는 것도 아니다.
다만 그대들의 마음이 움직일 뿐이다.

혜능 대사가 홍인 선사의 문하에서 행자의 신분으로 깨달음을 인가받고 16년간 다른 이의 눈을 피해 숨어 지내다가 드디어 인종 법사의 회상(법성사)에 모습을 나타내었다. 마침 두 스님이 바람과 깃발을 보고 다투고 있었다. 한 스님은 '바람이 움직인다.' 하였고, 다른 한 스님은 '깃발이 움직인다.' 하였다. 이것을 보고 혜능이 '마음이 움직인다.'라고 말했다.

승가난제 존자가 바람결에 풍경이 울리는 것을 보고 어린 동자에게 물었다.
"풍경이 우는가, 바람이 우는가?"
동자가 말하였다.
"바람이 우는 것도 아니요, 풍경이 우는 것도 아니요, 내 마음이

웁니다."

존자가 다시 물었다.

"바람도 풍경도 우는 것이 아니라면 어느 것이 마음인가?"

동자가 대답하였다.

"모두가 고요하기 때문이요, 삼매의 경지는 아닙니다."

이에 존자가 칭찬하여 말하였다.

"옳은 말이다. 나의 법을 이어받을 이는 네가 아니고 누가 있겠는가?"

이 동자가 후에 승가난제의 법을 이어받은 가야사다 존자이다.

유식에서는 '삼계유심三界唯心, 만법유식萬法唯識'이라고 한다. 즉 삼계는 오직 마음에 의해 이루어진 것이며, 만법은 오직 식에 의해 건립되었다는 것이다. 천태덕소 선사가 말하기를, "육조 스님께서 '바람도 깃발도 움직이는 것이 아니요, 그대의 마음이 움직인다.' 하시니, 이것이 무상심인無上心印이며 지극히 묘한 법문이다."라고 하였다.

또한 설화에 이렇게 해석하고 있다. '바람이 움직인다.'라고 함은 움직임이 바람의 성품이기에 성품에 집착하는 사람이요, '깃발이 움직인다.'라고 함은 바람의 성품이 비록 움직이는 것이나 반드시 깃발로 인하여 움직이는 것이라 한다면 상相에 집착하는 사람이다. '바람이 움직이는 것도 아니요, 깃발이 움직이는 것도 아니다.'라고 함은 다른 곳에서 '만법이 본래 한가하거늘 오직 사람이 스스로 시끄럽게 한다.'라고 한 것과 같은 의미이니, 그래서 '다만 그대들의 마음이 움직인다.'라고 말한 것일까? 실은 깃발과 바람인 경계도 아니요, 마음도 아니다. 다만 경계는 마음의 경계이며, 마음은 경계의 마음일 뿐이다.

옛사람이 "바람이 움직이니 마음이 나무를 흔들고, 구름이 일어나니 성품에 먼지가 일어난다."라고 하였으니, 바람이 움직이고 깃발이 움직이는 것이 다만 한마음이 움직이는 것일 뿐이라는 뜻이다. 조사는 또한 이렇게 말하고 있다.

"바람도 아니요, 풍경도 아니요, 마음마저 아니라면 이것이 무엇인가?"

❀

온 천지가 몸이고
온 우주가 마음이다.
몸과 마음을 여의고
무엇이 따로 있겠는가.

불이중도

『금강경오가해』에서 야부 선사는 고요함[靜] 가운데 움직임[動]이 있고, 움직이는 가운데 고요한 동정일여動靜一如의 불이중도를 도솔 종열 선사의 게송을 차용해 이렇게 표현하고 있다.

대나무 그림자 섬돌을 쓸어도 먼지 한 점 일지 않고
달빛이 연못 바닥을 뚫어도 물에는 자취가 남지 않네.
竹影掃階塵不動 月穿潭底水無痕

섬돌을 쓸어도 먼지가 일지 않고, 연못 바닥을 비춰도 물에는 흔적이 없다는 것은, 하되 함이 없는[爲而無爲] 중도행을 표현하는 말이다. 중관 반야에서 중도를 나타낼 때 '진공묘유眞空妙有'를 들고, 선문에서 중도를 말할 때 '공적영지空寂靈知'를 자주 언급한다. 이른바 진공묘유는 반야사상의 관점에서 중도를 드러낸 말이고, 공적영지는 불성사상의 입장에서 설하고 있는 말이다.

진공眞空은 텅 비어 실체가 없음을 나타낸 말이다. 텅 비었지만 아무것도 없는 단멸斷滅의 공이 아니라 그 가운데 현묘한 작용이 있다는 것이다. 공空의 참성품은 자성自性을 지키지 않고 인연因緣에 따라 유有를 나타내게 된다. 진공은 단순한 허무가 아니라 미묘한 작용으로 인해 만물이 유의 모습으로 드러난다. 색이 공이요, 공이 색이므로 제법의 실상實相은 진공묘유인 것이다.

중생의 마음자리는 항상 텅 비어 고요한[空寂] 가운데 신령한 지혜 [靈知]가 어둡지 않다. 공적영지란 텅 비어 고요하되 신령한 지혜가 있고, 신령한 지혜로 드러나되 또한 텅 비어 고요한 불이중도不二中 道의 경지를 말한다.

송대 와운 선생이라 불린 관사복은 전원에 몸을 숨기고 살아가는 선비였다. 당시 황제가 그를 불러 "경이 전원에 살면서 얻은 것이 무엇이냐?"라고 하니, 이렇게 대답하였다.

둔덕에 가득한 흰 구름은 갈아도 끝이 없고　　滿塢白雲耕不盡
연못 속의 밝은 달은 낚아도 자취가 없다.　　　一潭明月釣無痕

마음이라는 것은 써도 써도 걸림이 없고, 빛나고 빛나도 자취가 없다. 갈아도 끝이 없는 구름을 벗 삼아, 낚아도 자취 없는 물속의 달을 품은 선자여! 오늘 본 바 없이 맑은 바람을 보고, 들은 바 없이 밝은 달을 들어 보세.

❀

날이 따뜻하면
닭이 나무 위에 올라가고
하늘이 차면
기러기가 물에 내린다.

초명 왕국

『관음예문』에 이런 게송이 있다.

초명이 모기 눈썹 위에 황제의 나라를 세워   蟭螟眼睫起皇州

제후들이 옥과 비단을 가지고 차례로 투항하니   玉帛諸侯次第投

천자는 누대에 올라 국토 넓음을 자랑하네.   天子臨軒論土廣

가없는 태허공도 오히려 한 조각 물거품인 것을.   太虛猶是一浮漚

   초명은 모기 눈썹 속에 기생하는 작은 벌레이다. 『포박자』「외편」
자교刺驕에 초명에 대해 언급하고 있는데, 어리석은 소인이 스스로
를 돌아보지 않고 오히려 현명한 군자를 보고 비웃음을 은유隱喩로
표현하고 있는 말이다.

   벌레 초명이 모기의 눈썹을 타고 놀면서
   하늘 가득 날개를 펼치는 큰 대붕을 보고 비웃는다.
   蟲焦螟之屯蚊眉之中　而笑彌天之大鵬

『능엄경』에서 설하기를, "허공이 대각大覺 가운데에서 생긴 것이, 마치 바다에 물거품이 생긴 것과 같다."라고 하였다. 삼천대천세계를 감싸고 있는 허공조차 큰 깨달음(마음자리)에서 비롯되었는데, 이 허공마저도 마치 넓은 바다에서 일어난 하나의 물거품에 불과한 것이다. 그런데 눈에 잘 보이지도 않는 초명이 나라를 건립하여 황제를 칭하며 제후 백관들 앞에서 국토가 넓음을 자랑하고 있음을 설정함은 무엇을 깨우치고자 함인가?

당나라 백낙천은 초명의 살림살이에 대해 이렇게 은유하여 그 해답을 주고 있다.

초명은 모기 눈썹에서 적을 죽이고	蟭螟殺敵蚊巢上
만과 촉은 달팽이 뿔에서 서로 싸우네.	蠻觸交爭蝸角中
하늘 위에서 이 세상을 내려다보면	應是諸天觀下界
한 점 티끌 속에서 영웅을 다투는 격이겠지.	一微塵內鬪英雄

만과 촉은 『장자』「잡편」 칙양則陽에 나오는 이야기로 달팽이의 두 뿔에 있는 나라를 가리킨다. 오른쪽 뿔의 나라가 만蠻나라, 왼쪽 뿔의 나라가 촉觸나라이다. 이 두 나라가 전쟁을 하여 수만이나 되는 전사자가 생겼다고 한다. 이 싸움을 와각지쟁蝸角之爭이라 부르는데, 다투어 얻으려고 하는 바가 극히 적은 것을 비유하여 일깨우고 있음은 말할 나위가 없다.

어디 세상을 한번 둘러보자. 저 광활한 우주 허공에서 지구를 보면 하나의 작은 점에도 미치지 못한다고 한다. 이 작은 땅덩어리 안에서 서로 이익과 명예를 위해 다툼이 초명이 자신의 왕국을 만들어 놓고 달팽이 뿔 위에서 서로 싸우고 있는 것과 무어 다를 바가 있겠는가. 더군다나 삼계의 도사요, 사생의 자부인 부처의 제자가 되어서는 더 말할 필요가 없겠다.

삼천대천세계가 허공 가운데 건립되었고, 허공 또한 심지자성인 대각에서 생겨났는데, 심지자성을 갖춘 사람이 어찌 초명 왕국에서 와각지쟁을 연출하고 있어야 되겠는가. 대각의 성품을 깨우치는 일이 시급하지 않은가.

❀

삼천대천세계를 한입에 탁 털어 넣고
외눈도 깜빡이지 않아야 장부이다.

송백 같은 기개

환암혼수 선사는 고려 말 스님이다. 어린 시절 숙부를 따라 사냥을 나갔다가, 어미 사슴이 도망가다 뒤를 돌아보며 새끼 사슴을 기다리는 것을 보고 말했다.

"짐승도 그 새끼를 생각하는데 사람과 다른 것이 무엇인가."

바로 사냥을 그만두고 출가하여 도를 닦았다.

금강산에 들어가 베옷을 입고 열매를 따 먹으며 자리에 눕지 않고 종신할 것을 다짐하였다. 그러나 자모께서 문에 기대어 돌아오기를 바라는 것을 생각하여 마침내 게偈를 지어 이르기를, "바위 앞의 송백에게 말을 부치노니[寄語巖前松柏樹], 다시 와서 더불어 일생을 다하리라[重來與而終千年]." 하였다.

공민왕이 광명사에서 승과를 실시하여 나옹 선사로 하여금 주관하게 하니 당시 납자로서 당에 오를 만한 이가 없었다. 날이 저물어 승과를 파장하려고 할 때, 혼수 스님이 뒤늦게 당도하였다. 혼수가 문밖에 서 있기에 나옹 선사가 물었다.

"어떤 것이 문에 당도하는 일구[當門句]인고?"

"좌우에 떨어지지 않고 중간[中]에 섰습니다."

"어떤 것이 문 안에 들어서는 일구[入門句]인고?"

"이미 들어왔지만 들어오지 않았을 때와 같습니다."

"어떤 것이 문 안의 일구[門內句]인고?"

"안팎이 본래 허공중이거늘 어찌 들어왔다 하리오."

"산은 어찌하여 봉우리에서 그치는가?"

"봉우리를 만나면 곧 낮아지고, 낮은 것을 만나면 곧 그칩니다."

"물이 어찌하여 개천을 이루었는가?"

"큰 바다가 스며 흘러들어 도처에 개천을 이루었습니다."

"밥은 어찌하여 흰쌀로 짓는가?"

"모래나 돌을 찔 것 같으면 어찌 좋은 밥이 되리오."

이로 인해 혼수 선사는 당당하게 승과에 입격하였다. 후에 우왕이 국사로 삼았으나 선사는 이 소문을 듣고 기뻐하지 않고 게송을 지어 말했다.

삼십 년 동안 속세에 들어가지 아니하고	三十年來不入塵
물가와 수풀 밑에서 참된 성정 길렀는데	水邊林下養情眞
누가 시끄러운 인간사를 가지고	誰將擾擾人間事
자유자재 소요하는 몸을 묶으려 하는가.	係縛逍遙自在身

하루는 청주 청룡사에서 병이 들어 문인을 불러 후사를 부촉하며 말하기를, "나의 행로가 저물어 담장에 기대었도다." 하고 임종게를 읊었다.

임운자재 등등하게 일생을 보내고	任運騰騰度一生
병 가운데 소식 더욱 성성하구나.	病中消息更惺惺
나의 돌아갈 곳 알 사람 없으니	無人識得吾歸處
창밖에 흰 구름 푸른 병풍에 비꼈도다.	窓外白雲橫翠屛

아, 큰 스승이시여! 새끼 사슴 뒤돌아보는 어미의 애틋함에 출가를 결심함이여! 다겁 생래 닦은 자비종자 어찌 헛된 공功이겠는가. 송백을 향해 다시 돌아와 그대와 더불어 일생을 기약함이여! 본색 납자 송백과 같은 기개 천년을 한결같이 푸르도다. 납승인들 어떠하고 국사인들 어떠하랴. 세간과 출세간을 드나들어도 언제나 임운 등등 소요자재 격외格外의 풍모로다. 돌아갈 곳 어디인가? 흰 구름 걷히면 밝은 달빛인 것을.

❀

무쇠 나무에 꽃이 피고
수탉이 알을 낳네.

도적 만드는 법

오조 법연 선사가 들려준 이야기이다.

여기 나의 선禪은 무엇과 같다고 할까. 이를테면 도적 집안에서 도적을 만드는 것과 같다. 도적의 집에 아들이 하나 있었는데, 아버지가 늙은 후에는 식구를 어떻게 먹여 살려야 할까 궁리를 했다. 도적질을 잘 배워 두어야 되겠다고 생각하고 아버지께 그 뜻을 말하자, 좋은 묘책이라고 칭찬해 주었다.

어느 날 밤, 아버지가 아들을 데리고 큰 부잣집에 가서 담장을 넘어 집 안으로 숨어들었다. 아버지는 궤짝을 열고 아들에게 그 속으로 들어가 옷과 돈 등 귀중품을 가지고 나오라고 일러 주었다. 아들이 들어가자 궤짝 문을 닫고서는 다시 자물쇠로 잠가 버렸다. 그러고는 대청마루를 두들겨 사람들이 놀라 깨도록 하고서 자기는 먼저 도망쳐 버렸다. 온 집안 식구들이 곧 달려 나와 불을 밝혀 살펴보고는 도적이 들어왔다가 이미 도망가 버렸다고 생각했다.

한편 도적의 아들은 궤짝 속에 갇혀서, 우리 아버지가 무엇 때문에 궤짝 문을 잠그고 가 버렸을까 하고 궁리하다가, 문득 한 가지 좋은 묘책이 떠올랐다. 궤짝 속에서 쥐가 궤짝을 갉아 먹는 소리를 내니, 하인을 시켜 등불을 켜고 궤짝을 열어젖혔다. 궤짝이 열리는 순간, 도적의 아들은 몸을 솟구쳐 등불을 끄고는 하인을 밀치고 밖으로 뛰쳐나와 달아났다.

집안사람들이 몰려왔다. 도중에 도적의 아들은 우물 하나를 발견하고서 큰 돌을 우물 속으로 풍덩 떨어뜨렸다. 그러고는 사람들이 우물 속을 기웃거리는 순간을 틈타 집으로 도망쳐 왔다. 아버지에게 그 까닭을 물었으나, 아무 말도 못하게 하고 어떻게 해서 그곳을 빠져나왔느냐고 물었다. 아들이 자초지종을 이야기해 주자 아버지는 그제야 그렇게 했으면 다 된 것이라고 하였다.

도적이 도적을 만드는 법이 본분작가가 납자를 단련시키는 법과 동일하다. 본색종사는 구구절절이 언설로 가르치지 않는다. 제자로 하여금 온몸으로 체득하게 한다. 남의 돈을 세어 부자가 될 수는 없다. 백수의 왕 사자는 새끼를 낳으면 낭떠러지에 떨어뜨리고 살아 돌아오는 놈만 키우는 법이다. 한낱 좀도둑이 되려고 해도 온몸으로 부딪쳐야 하거늘, 하물며 부처를 훔치고자 하는 큰 도적이 되려는 장부가 어찌 생각을 굴려 이루어질 수 있겠는가.

❀

물이 맑으면 갓을 씻고
물이 흐리면 발을 씻는다.

한입에 서강수를

방거사가 호남의 석두 선사를 참문하였다.

"만법과 더불어 짝하지 않는 자는 어떤 사람입니까?"

석두가 그 즉시 '쉿' 하고 거사의 입을 막아 버렸다.

이에 방거사의 눈이 열리게 되었다.

방거사는 다시 강서의 마조 선사를 참방하고, 똑같은 질문을 하였다.

"서강의 물을 한입에 다 마시면[一口吸盡西江水], 그대에게 일러 주겠노라."

거사는 이 한마디 말 아래 바로 크게 깨달아 천하의 선지식이 되었다.

만법과 짝하지 않는 사람은 누구인가? 한입에 서강수를 단박에 마실 수 있는 경지를 체득한 사람이다. 이른바 일체 경계에 흔들리지 않는 사람은 눈앞에 있는 바로 그 사람이다. 본래 자기가 그러한 사람이다. 그러나 그 도리를 모르는 범부는 만 가지 경계에 놀아나고 있을 뿐이다. 중생은 만법에 굴림을 당하는 사람이요, 부처는 만법을 굴리는 사람이다.

선종의 제22조 마나라 존자는 이렇게 송하고 있다.

마음이 만 가지 경계를 따라 구르나니   心隨萬境轉

구르는 곳마다 실로 그윽하기만 하다.   轉處實能幽

흐름을 따라 성품이 공한 줄 깨달으면   隨流認得性

기쁨도 없고 또한 근심도 없더라.   無喜亦無憂

중생은 하루에 오만 가지 생각을 한다. 경계 따라 굴러다니니 이것이 일심의 윤회이다. 그러나 마음이 만 가지 경계를 따라 구르지만 구르는 그 당처가 텅 비어 고요하고 그윽한 줄만 깨치면, 경계 그대로 삼매 아님이 없다. 자기의 성품은 본래 공적하지만, 공적한 그 성품의 자리를 지키지 않고 다만 인연 따라 흘러갈 뿐이다. 이러한 도리를 조사는 '불수자성수연성不守自性隨緣成'이라고 했다.

만법과 짝하지 않는 자는 말로 들어 나타낼 수 없다. 진여불성이란 드러낼 수 없기에 입을 막을 수밖에 없고, 다만 서강의 물을 한입에 벌떡 마시는 도리를 얻어야 고개를 끄떡일 수 있을 뿐이다. 실로 만법에 흔들림이 없는 자는 세상에 홀로 존귀한 사람이며, 일체 경계에 자재한 도인이다.

❀

세간에서 깨달은 사람 얼마나 많으며
출세간에서 미혹한 사람 얼마나 많은가.

평상심이 도다

도는 수행할 필요가 없다.

다만 오염되지 않으면 된다.

무엇을 오염이라 하는가?

다만 생사심으로 조작하여 나아가는 모든 것이 오염이다.

만약 곧바로 도를 알고자 한다면 평상심이 도다.

무엇을 평상심이라 하는가?

조작, 시비, 취사, 단상, 범성*이 없는 것이다.

마조는 도는 본래 이루어져 있기 때문에 닦아서 이루어지는 것이 아니라[道不用修] 하고, 다만 오염시키지 말라고 하였다. 생겨나고 사라지는 것은 모두 생멸법이다. 그러므로 인위적 조작과 시비 분별, 취사선택, 단상의 견해, 범성의 이원적 차별이 없는 평상심이 바로 도가 되는 것이다.

• 조작造作: 인위적으로 꾸미는 것. 시비是非: 옳고 그름. 취사取捨: 취하고 버림. 단상斷常: 단견(단멸되어 아무것도 없다는 견해)과 상견(항상하는 실체가 있다는 견해). 범성凡聖: 범부와 성인.

마조 또한 본래부처, 즉 본각의 입장에서 도는 수행을 필요로 하지 않는다고 말하고 있다. 다만 조작하여 취향하는 오염만을 경계하면서, 평상심이 도라고 주장하는 것이다. 대혜 선사는 일찍이 "깨달음을 법칙으로 삼는다[以悟爲則]."라고 말했다. 그러면서 본각과 불각, 본래부처와 현재 중생이라는 두 측면을 융회하여, 지금 중생이 본래부처임을 확신하고, 수행을 통해 '시각이 본각과 합쳐지는 것'이 깨달음이라는 것이다.

한편 평상심의 내용으로 볼 때, 고준한 경지를 전제하지 않고서는 도저히 행하기 어려운 보살행으로 채워져 있다. 즉 조작, 시비, 취사, 단상, 범성 등 이원적 분별을 떠난 불이중도가 평상심이며, 이것은 범부행凡夫行도 아니고 현성행賢聖行도 아닌 보살행이라야 이루어질 수 있는 행임을 알 수 있다.

신회 선사는 『유마경』을 인용하여 조복調伏에도 머물지 말고, 불조복不調伏에도 머물지 말라고 했다. 만약 불조복의 마음에 머물면 범부이며, 조복의 마음에 머물면 성문이라고 하였다. 조복과 불조복의 두 가지 법을 떠나는 것이 보살행이니, 생사에 있으면서 생사에 물든 행을 하지 않고, 열반에 머물되 영원히 멸도하지 않는 것이 보살행이다.

보살은 생사의 땅에 발을 딛고 있되 생사에 머물지 않고, 열반의 경지에 들었으나 열반마저 버리는 무주행無住行을 행하는 것이다. 최상승의 수행자는 부처로 살아가되 부처마저 버리는 출격장부가 되어야 한다.

❀

자리가 좁으면 먼저 눕고
죽이 묽거든 줄의 맨 끝에 앉아라.

밝은 달은 강물에 비쳐도
그 밝음을 잃지 않는다.

추위와 더위가 오면

어떤 스님이 동산 선사에게 물었다.

"추위나 더위가 닥치면 어떻게 피해야 합니까?"

선사가 대답하였다.

"어찌 추위도 더위도 없는 곳으로 가지 않는가."

그 스님이 다시 물었다.

"추위도 더위도 없는 곳이 어디입니까?"

"추울 때 추위가 그대를 죽이는 곳이고, 더울 때 더위가 그대를 죽이는 곳이다."

추울 때 추위가 그대를 죽이는 곳, 더울 때 더위가 그대를 죽이는 곳이 어디인가? 가령 '추워 죽겠다.'라고 할 때, 추위가 사람을 죽이는 것은 사람과 추위가 하나 되는 것이다. 마찬가지로 '더워 죽겠다.'라고 할 때, 더위가 사람을 죽이는 것은 사람과 더위가 하나 되는 것이다. 추울 때는 추위와 하나가 되고, 더울 때는 더위와 하나가 되는 것이 추위와 더위를 죽이는 일이다. 즉 추울 때는 그대를 춥게 하고, 더울 때는 그대를 덥게 하면 된다. 이곳이 최고의 피서요, 피한이다.

　마냥 이렇게만 이해하면 자신이 쳐 놓은 올가미에 자신이 걸려든 꼴이 된다고 말하는 이가 분명 있다. 추운 겨울 용광로 안에서 일하는 사람이 있고, 더운 여름 냉동고에서 일하는 사람의 경우를 군이 대비시키지 않더라도 이열치열以熱治熱, 이한치한以寒治寒 정도는 다 알고 있다.

　장사경잠 선사는 이렇게 말하고 있다.

　추우면 불을 쬐고, 더우면 시원한 곳으로 가라.

　누구 말이 더 적합한 말인가. 진리는 정해진 법이 없다. 그래서 『금강경』은 "정해진 법이 없는 것[無有定法]이 무상정등각"이라고 설하고 있다. 동산의 의도를 다 헤아릴 수는 없지만 겉으로 드러난 문구의 해석으로만 보면, 피할 수 없으면 부딪치라고 말하는 것 같기도 하다. 어려운 일이 닥쳐오면 피하지 말고 그 일의 한복판으로 뛰어 들어가는 것이 주체적인 삶의 모습이다. 태풍이 닥쳐오면 태풍의 눈 안으로 들어가면 아무 일이 없다.

　그러나 '더위 속으로 들어가라.'는 말이나 '시원한 곳으로 가라.'는 말이 절대적일 수는 없다. 시원한 곳으로 가는 것이 일상의 도리에 맞고, 더위 속으로 들어가라는 능동적 태도 또한 맞다. 자신만의 개념적 틀을 벗어나지 못하고 실참적 체득이 결여된 어떤 말도 역시 공허한 메아리에 불과한 것이다. 당면한 그 자리에서 활로를 열 수 있어야 현성공안現成公案이라 할 수 있다.

죽암사규 선사는 이렇게 송하고 있다.

추울 때는 춥고 더울 때는 덥구나.
추위와 더위가 없는 곳은 천연한 별천지로다.
면주는 부자附子 산지이고, 한주는 생강 산지이다.
칼을 만들려면 병주의 철을 써야만 한다.
동산 스님은 사람을 속이지 않았으니
당면한 자리에서 몸을 숨기는 비결을 몸소 전하는구나.

　추울 때는 춥고 더울 때는 더운 곳이 오히려 별천지인지 모른다.
면주에서는 부자가 많이 생산되고, 한주에는 생강이 많이 생산되듯
곳에 따라 때에 따라 춥고 더운 것도 또한 마찬가지이다. 추우면 춥
고 더우면 덥지만, 춥고 덥고 춥지도 덥지도 않음 그 어디에도 머묾
없음이 본분소식이다.

✾
나는 항상 지금 여기를
간절하게 살아갈 뿐이다.

당당한 사문

　벽암각성 선사는 부휴선수 선사의 상족이다. 임진왜란을 당하여 해전에 임했으며, 전란이 끝나고 팔도도총섭이 되어 남한산성과 적상산성을 쌓았다. 인조 14년 지리산 화엄사에 주석하고 있을 때 병자호란으로 인해 임금의 행차가 남한산성으로 향했다는 소식을 접했다. 곧 북을 쳐 대중을 운집시키고 눈물로 호소했다.

　"우리도 나라의 백성이다. 우리는 백성을 고루 구제하는 일을 우선으로 삼는다. 나라의 일이 급하게 되었으니, 어찌 차마 앉아서 볼 수 있겠는가. 곧 군복으로 갈아입고 남쪽의 승려들을 불러 모으니, 수천 명이 달려왔다. 서로 이끌어 북으로 가는 길에 적이 물러갔다는 소식을 들었다. 통곡하며 남으로 돌아왔다."

　지리산 화엄사 벽암 선사의 비문에 적힌 내용이다. 일찍이 승군을 이끌고 남한산성을 3년에 걸쳐 완성했던 선사였다. 남한산성을 수축했을 뿐만 아니라, 그곳에 주둔하며 수비를 담당하기까지 했다. 천민이란 신분의 천대를 무릅쓰고 동체대비의 정신으로 승군에 임했으며, 산성 축조와 수비를 기꺼이 담당한 이타정신으로 임란 이후 승군과 산성의 상징적 인물이 되었다.

벽암 선사는 평소 제자들에게 세 가지를 지킬 것을 당부하였다.

첫째, 사불망思不妄   생각은 망령되지 않아야 하고
둘째, 면불괴面不愧   얼굴에 부끄러움이 없어야 하며
셋째, 요불굴腰不屈   허리를 굽히지 말아야 한다.

첫째, 생각이 망령되지 않다는 것은 수행 납자는 언제나 번뇌 망념을 여의고 보리정념으로 간직해야 함을 의미하는 것이다. 생각하되 경계에 집착함이 없는 것이 무념이다. 생각 생각에 머묾이 없어 걸음걸음에 보리심을 내어야 참된 납자인 것이다.

둘째, 얼굴에 부끄러움이 없다는 것은 비록 숭유억불의 시대를 살아가지만 언제 어디서나 당당하게 계·정·혜 삼학을 근수하는 인천의 스승으로 살아가야 함을 말한다. 삼업을 청정히 닦아 양심에 비추어 한 점 부끄러움이 없는 것이 출가자요, 수행자이다. 부끄러워해야 할 것을 부끄러워하고, 부끄럽지 않아야 할 것에는 부끄러움이 없는 행이 있어야 한다.

셋째, 비굴하게 허리를 굽히지 말라고 하였다. 동진 시대 여산의 혜원 선사가 『사문불경왕자론沙門不敬王者論』을 지어, 당시 최고 권력자였던 환현에게 굴복하지 않았다. 즉 출가 사문은 법왕에게 예배해야 하는 것이지, 세속의 권력자인 왕에게 예배하지 않는다는 주장을 한 것이다. 물론 불성을 구유한 일체중생을 간절하게 섬기고 예배해야 하지만, 권력과 재물과 불의에 허리 굽혀 아첨하지 않고

예를 다하지 않는 것이 출가자의 규범이다. 높고 높아 당당하여 비로정상을 밟고, 고봉정상에 소요하는 것이 본분 납자의 면모이다.

임진왜란과 병자호란의 양 전란을 겪으며 황폐한 시대를 살다 간 벽암 선사는 출가 사문으로서, 선문의 대종장으로서, 혹은 승병장으로서 본분사에 충실하면서도 창생의 고통과 함께한 육신보살의 행장을 보여 주었다.

❀

의승義僧은
전쟁에도 머물지 않고
평화에도 머물지 않는다.

도는 눈앞에 있다

『심경』에 "오온이 공함을 비춰 보고 일체의 고통과 액난을 건넜다."라고 하여 오온무아五蘊無我를 설하고 있다. 오온이란 색·수·상·행·식으로 몸과 마음을 말한다. 몸과 마음이 공하여 나라고 여길 실체가 없기에 오온무아를 설하는 것이다.

범부들은 몸을 나라고 여기고 마음을 나라고 생각한다. 지·수·화·풍의 거짓 인연이 조합하여 몸이 되고, 수·상·행·식의 인식 작용을 마음이라고 하는 것이다. 몸도 마음도 실체가 없는 그림자에 불과한데 착각하여 나라고 여기고 있다. 나라고 하는 전도된 망상을 걷어 내는 것이 도를 닦는 것이다.

어떤 스님이 홍선유관 선사에게 물었다.

"도가 어디에 있습니까?"

"다만 눈앞에 있을 뿐이다."

"저는 어찌하여 보지 못합니까?"

"그대는 나[我]가 있기 때문에 보지 못한다."

"저에게 내가 있기 때문에 보지 못한다면 화상께서는 보십니까?"

"그대가 있고 내가 있으면 더욱더 보지 못한다."

"나도 없고 그대도 없으면 보입니까?"

"그대도 없고 나도 없으면, 누가 보기를 구한단 말인가?"

도가 어디엔들 없겠는가. 다만 보지 못하고 깨닫지 못할 뿐이다. 그래서 유관 선사는 도가 눈앞에 있다고 말하고 있다. 눈앞에 있지만 범부는 나라고 하는 그림자(실체)에 가려서 보지를 못하고 있다. 아상에 가려 보지 못하는데 거기에 오만 가지 분별상마저 더 보태면 더욱 멀어질 뿐이다.

그렇다고 자타自他의 분별상이 공한 자리에 머물러 단멸공斷滅空에 빠져 버리면 어찌 도를 바로 볼 수 있겠는가. 일체 법을 세우되 세운 바가 없이 세우고, 파하되 파한 바 없이 파할 줄 아는 이가 도를 보고 도를 실천하는 수행자이다. 그래서 "그대도 없고 나도 없으면, 누가 보기를 구한단 말인가?"라고 말하는 것이다.

선사는 거듭 말해 주고 있다.

"마음은 본래 손상이 없어서 어찌 닦을 필요가 있겠는가? 더럽고 깨끗한 것을 논하지 말고 일체 경계에 마음을 일으키지 말라."

❀

눈이 오니 천지가 백색이요,

밤이 되니 만물이 흑색이구나.

출세한 사람

불성을 본 자는 영원히 생사를 떠나니, 이름하여 출세出世한 사람이라 한다.

도신 선사는 말했다.

"처음 좌선을 하려는 사람은 한 곳에 앉아 먼저 몸을 단정히 정좌하고, 옷과 허리띠를 느슨하게 풀고 나서 몸을 이리저리 풀며 스스로 안마를 7~8번 하여 배 속의 탁기를 모두 토해내면 신심이 물 흐르듯 하여 본연의 성품을 얻게 되어 편안하고 고요하게 된다.

몸과 마음이 조화를 이루어 편안해지면 마음이 안정되어 그윽하고 미묘하여 기식이 청령해져 서서히 마음이 거두어지고, 정신이 맑고 예리하게 되며, 심지는 밝고 깨끗해진다. 관찰함이 분명하여 안팎이 고요하면 곧 심성이 적멸이라, 그와 같이 적멸해지면 성심性心이 드러난다. 심성은 비록 형상이 없으나 지절志節은 항상 있다. 그리하여 유현하고 신령스러움이 다하지 아니하고 항상 있어 저절로 밝으니 이를 이름하여 불성이라 한다. 이 불성을 바로 보기 위해 좌선하는 것이다."

도신은 초심자가 좌선을 행할 때에 먼저 '조신調身, 조식調息, 조심調心'의 방법을 사용하라고 가르친다. 이것은 몸과 숨과 마음의 조화(조복)를 말하는 것인데, 이 세 가지의 조화가 좌선수행의 기본이 되는 것이다. 일부 선수행자들은 이러한 기초적 단련이 없이 바로 실참으로 직행해서 부작용이 적지 않다.

숨을 떠난 몸이 없으며, 몸을 여읜 마음이 없으니, 몸과 숨, 마음이 조화를 이루어야 올바른 좌선을 수행할 수 있고, 좌선수행을 통해서 마음을 바로 볼 수 있다. 좌선하려는 초학자는 반드시 몸, 숨, 마음을 조화롭게 행해야 조도助道를 바로 세울 수 있다. 조도의 기초 위에 심성이 적멸함을 깨달아 생사를 해탈하게 되는 것이다. 진정한 수행자는 좌선하는 자요, 진실로 출세한 사람은 해탈한 자유인이다.

세간에서는 부와 명예를 이룬 이를 출세한 사람이라 하지만, 출세간에서 좌선하여 해탈자재한 도인을 출세한 사람이라 일컫는다. 좌선을 제대로 수행하여 어디 한번 제대로 출세해 보자.

❀

세속을 떠나 출가함이 반 출세요,
생사를 해탈함이 온 출세이다.

이름으로 인해

향거사가 혜가 선사께 편지글을 올렸다.

그림자는 형상에 의해 생기고
메아리는 소리에 따라 일어난다.
형상을 취하면서 그림자를 버리려는 것은
형상이 그림자의 근본임을 모르기 때문이요,
소리를 내면서 메아리를 없애려 함은
소리가 메아리의 뿌리임을 모르기 때문이다.

향거사는 북제 시대의 사람이다. 항상 숲속에 살며 나무 열매를 먹고 시냇물로 목을 축이며 수행에 몰두하였다. 당시 혜가 선사의 교화가 있음을 알고 위와 같은 내용의 서신을 보냈다. 이어지는 내용은 다음과 같다.

"번뇌를 제거하고 열반에 나아가려는 것은 형상을 버리고 그림자를 찾는 것과 같고, 중생을 떠나서 부처를 이루려 함은 소리를 내지 않고 메아리를 찾는 것과 같다. 그러므로 미혹과 깨달음이 한 갈래요, 어리석음과 지혜로움이 다르지 않다. 본래 이름이 없는데 이름을 지어서 이름으로 인해 시비가 생기고, 본래 이치가 없건만 이치를 만들어 이치에 의해 논쟁이 일어난다. 헛되어 참되지 않거늘 누가 옳고 누가 그르며, 허망하여 진실이 없거늘 무엇이 있고 무엇이 없으리오. 얻어도 얻은 바가 없고, 잃어도 잃은 바가 없음을 알고자하나 참문할 겨를이 없어 삼가 글월 올리오니 바라옵건대 회답하여 주소서."

향거사는 비록 스승 없이 홀로 수행하였으나 정법의 여실지견如實知見을 제대로 깨달아 혜가 선사에게 인가를 청하고 있다. 여기서 번뇌 즉 보리이며, 중생 즉 부처라는 불이중도의 법문을 들고 있다. 그리고 일체 제법이 공하여 유무에 집착함이 없어 득과 실이 본래 없음을 전하고 있다. 간절하고 정중하게 법을 물음에 혜가는 다음과 같은 답서로 인가를 해 주고 있다.

"보내온 글의 뜻을 자세히 살펴보니 모두가 여실지견에 부합되고, 참되고 그윽한 이치가 조금도 다르지 않다. 본래 마니주를 잘못 알아 자갈이라 하였으나 활연히 깨치고 보니 분명 마니보주임에 틀림없다. 무명과 지혜가 차별이 없으니 만법이 모두 그러한 줄 알아라. 두 가지 견해를 가진 무리들을 불쌍히 여겨 이 글을 쓰노니, 몸 (중생)과 부처가 다르지 않음을 알면 무여열반은 구해서 무엇 하겠는가."

승과 속이 따로 없고, 스승과 제자가 한통속이다. 깨달음에 어찌 둘이 있겠는가. 깨닫고자 하는 사람은 반드시 깨닫게 마련인데, 못 깨닫는 사람은 겉은 깨닫고자 하나 속은 깨달을 마음이 없는 것이다. 지금 이대로 중생살이가 몸에 익어 안락하기만 한데 무얼 더 바라겠는가. 이제 천만겁의 중생 놀음을 청산할 시절이 도래하지 않았는가.

❀

고사하는 말이 깊을수록
간청하는 말이 더욱 정성스러워야 한다.

원숭이에게 족쇄를

원숭이에게 족쇄를 채우면 뛰어다니는 것을 멈추고
뱀이 통에 들어가면 구부린 몸이 펴지네.
넓고 넓은 바다를 지계의 배로써 누비며
두터운 어두움을 지혜의 등불로 밝히네.

원숭이를 자세히 바라보고 있으면 잠시도 가만히 있지 못하고 움직인다. 우리의 마음도 원숭이처럼 가만히 있지를 못하고 찰나에 일어났다 사라짐을 거듭한다. 원숭이에게 족쇄를 채운다고 하는 것은 우리의 마음을 계戒로써 통제함을 말한다. 그리고 뱀이 통 속에 들어간다고 하는 것은 삼매로써 산란심을 멈추어 고요하게 한다는 뜻이다.

중생이 고통을 받는 것은 망념이 끊임없이 일어나기 때문이다. 망념을 조복받기 위해서는 계·정·혜 삼학을 균등하게 닦아야 한다. 계율로써 몸과 마음을 청정히 하고, 선정으로써 산란한 마음을 공적하게 하여, 지혜가 저절로 드러나게 해야 한다.

원숭이처럼 들뜬 마음으로 평생을 유희할 것인가. 계율이라는 족쇄는 해탈을 위한 방편이 된다. 삼매의 수행이 없이 구부러진 심보를 바로 할 수 없다. 산란과 혼침昏沈으로 일생을 허비하고서야 어디 수행자라고 하겠는가.

✱

청정한 비구는 열반에 들지 못하고
파계한 비구는 지옥에 떨어지지 않는다.

불연이 대연이다

『금강삼매경론』에서 말한다.

깨뜨림이 없되 깨뜨리지 않음이 없고
세움이 없되 세우지 않음이 없다.
이것은 참으로 상대적 도리가 아닌 절대적 도리이며
한쪽으로 보면 그렇지 않지만, 크고 넓게 보면 모두가 그러하다.

원효는 말해 주고 있다. 존재의 참모습은 있음·없음을 떠나서
홀로 청정하다. 나라고 하는 고정된 실체 없음[我空]과 존재하는 모
든 것 또한 공[法空]하여 실체가 없다. 아공과 법공마저도 실체가 없
으니 구공[俱空]이다. 따라서 모든 진리의 세계[眞際]와 현상의 세계[俗
際]가 막힘없이 통하여 맑고 고요하다. 맑고 고요하기 때문에 둘이
막힘없이 통하지만 하나는 아니다.
　존재의 참모습은 맑고 고요하기 때문에 있음·없음에 집착하는
견해로는 알 수 없다. 그렇다고 해서 있음과 없음의 중간으로도 알
수 없다. 있음도 아니요, 없음도 아니요, 그 중간도 아니기에 본래

있는 것도 아니다. 본래 있는 것이 아닌 존재라고 해서 아무것도 없는 것[斷見]은 아니며, 없는 것이 아니라고 해서 실제로 있는 것[常見]도 아니다.

중간도 아니면서 또한 있음·없음의 양변을 떠났으므로 있음이 없음에 나아가 머물 수 없으며, 없음이 아닌 상이 있음에 나아가 머물지 아니한다. 하나가 아니면서 둘을 융섭하였으므로 진리[眞]가 아닌 현상[事]이 일찍이 현상의 세계[俗]가 된 적이 없다. 현상의 세계[俗]가 아닌 이치[理]가 일찍이 진리의 세계[眞]가 된 적이 없다.

둘을 융섭하면서도 하나가 아니기 때문에 진리세계와 현상세계의 자성이 세워지지 않는 바가 없고, 오염과 청정의 모양이 갖추어지지 않는 것이 없다. 양변을 떠났으면서도 중간이 아니기 때문에 있음과 없음의 법이 만들어지지 않는 바가 없고, 옳음과 그름의 뜻이 두루하지 않음이 없다.

이와 같이 깨뜨림이 없되 깨뜨리지 않음이 없으며[無破而無不破], 세움이 없되 세우지 않음이 없다[無立而無不立]. 이것이야말로 이치가 없는 지극한 이치요[無理之至理], 그렇지 않으면서 크게 그러한 것[不然之大然]이라고 할 수 있다.

이것이 그 유명한 원효의 "이치 없는 지극한 이치"요, "그렇지 않으면서 크게 그러한" 일심의 가르침이다. 이치 없는 지극한 이치와 그렇지 않으면서 크게 그러한 일심의 도리를 깨치는 것이 선이다. 한국의 선은 이러한 종지로 출발을 알리고 있다.

아, 세상 사람들은 어제도 오늘도 세우고 깨뜨림에 바쁘지 않은 날이 없구나. 세울 것도 없고 깨뜨릴 것도 없는 사람이 무사인(無事

人: 일 없는 사람)인 줄 누가 알겠는가.

❀

벌레가 나뭇잎을 갉아 먹었는데
우연히 글자가 된 것과 같아야 한다.

부처님 없는 곳

오조 홍인 선사의 전신이 재송 도인이다. 재송 도인이 나이 여든에 사조 도신 선사 문하에 출가하려 하였다. 도신이 "너무 늦지 않았는가?"라고 묻자, 재송이 "그럼 갔다가 일찍 오겠습니다."라고 하였다.

어느 고을에 당도하여 주씨 집안 딸을 만나 그 배 속으로 들어가 아비 없는 무성無姓 동자로 다시 태어났다. 일곱 살이 되어 다시 사조사를 찾아와 불당에 들어가 부처님을 향해 오줌을 싸 버렸다. 원주가 와서 나무랐다.

"어찌 부처님 계신 곳에 오줌을 누었는가?"

동자가 말했다.

"부처님이 아니 계신 곳을 일러 주면 그곳에 오줌을 누겠습니다."

『조당집』18권에도 이와 유사한 이야기를 전하고 있다.

어떤 행자가 법사를 따라서 불전에 들어가 부처님을 향해 침을 뱉었다. 그러자 법사가 꾸짖었다.

"행자가 버릇이 없구나. 어째서 부처님께 침을 뱉는가?"

"저에게 부처님 없는 곳을 가르쳐 주십시오. 그곳에 침을 뱉겠습니다."

위산 선사가 이 말을 듣고 말했다.

"어진 이가 도리어 어질지 않고, 어질지 않은 이가 도리어 어질구나."

앙산 선사가 법사를 대신하여 말했다.

"법사는 다만 행자에게 침을 뱉고 행자가 무어라 하거든 '나에게 행자가 없는 곳을 보여 주면 거기다 침을 뱉겠다.'라고 했어야 했다."

쌍봉이 앙산에 이르니 앙산 선사가 물었다.

"사형께서 요즘은 어떠하십니까?"

쌍봉이 대답했다.

"내가 보기에는 하나의 법도 생각에 걸어 둘 것이 없습니다."

앙산 선사가 말했다.

"그대의 소견은 아직 마음의 경계에서 벗어나지 못했습니다."

쌍봉이 다시 물었다.

"나의 소견은 마음의 경계에서 아직 벗어나지 못했다 치고, 화상의 소견은 어떠하십니까?"

이에 앙산 선사가 대답했다.

"그대가 한 법도 생각에 걸어 둘 것 없는 줄 아는 것이야 어찌 없을 수 있겠는가?"

마음은 경계의 마음이요, 경계는 마음의 경계이다. 경계의 마음이므로 마음이 공하고, 마음의 경계이므로 경계 또한 공하다. 내가 여기 있고 저기에 대상 경계로서 부처님이 계신다면 이는 이원법이 되어 나와 경계를 벗어나지 못했다. 공하되 공함마저 공하여 불공이다. 그러므로 불상이 마음을 떠난 경계로서의 불상이 아니고, 또한 행자가 마음을 여읜 행자가 아니기에 함부로 침을 뱉을 수 없는 것이다.

뒷날 순덕이 이 일을 송했다.

쌍봉의 현자가 스스로 거칠어서
앙산을 굴복시키지 못했도다.
그대를 이끌어 결박을 풀게 하니
종도들의 여러 말을 무찔렀다.
한 소경이 여러 소경을 이끈다니
옛일이 오늘에 있음을 아는가?

❀

조계의 거울에는
본래 티끌이 없다.

불청지우

『유마경』에 '불청지우不請之友'라는 법문이 있다. 자비심으로 중생을 고난에서 구해 주고 중생이 도움을 필요로 할 때 스스로 와서 인도해 주는 불보살님처럼 상대방이 청하지 않아도 자진해서 남을 도와주는 친구를 말한다.

경에 의하면 친구의 종류에는 네 부류가 있는데, 두 종류는 나쁜 친구이고 두 종류는 좋은 친구이다. 나쁜 친구 가운데 하나는 꽃과 같은 친구로, 꽃은 아름답고 향기로울 때는 가까이하지만 시들고 나면 땅에 내던져 버리듯 친구가 잘될 때는 가까이하다가 그가 어렵고 실패하면 거들떠보지도 않는 친구를 말한다.

또 하나는 저울과 같은 친구로, 친구가 자기보다 나으면 그 앞에 고개를 숙이고 그보다 못하면 얕잡아 보는 친구를 말한다. 이런 친구들은 친구가 세력이 있을 때는 아첨하다가도 세력이 없어지면 금방 의기양양해져서 거들떠보지도 않는다. 이처럼 꽃과 같고 저울과 같은 친구는 소위 말하는 술친구이지 인생에 있어서 진정한 도반이라 할 수 없다.

좋은 친구에도 두 가지 부류가 있는데, 하나는 대지와 같은 친구이다. 대지는 모든 생명을 평등하게 보듬어 키운다. 대지는 모성의 상징이기도 하다. 나를 희생하여 모두를 이롭게 하는 생명의 원천이 모성이듯이 대지의 성품은 어머니의 따뜻한 품과 같다. 언제나 나를 따뜻하게 안아 주고 키워 주는 대지와 같은 친구가 진정한 친구이다.

또 하나는 산과 바다 같은 친구이다. 산의 숲에는 온갖 종류의 동식물이 깃들여 모여 살고 있으며, 바다는 가장 낮은 자세로 모든 강물을 차별 없이 받아들여 물 밑 세계의 생명을 보듬고 있다. 불청지우란 바로 싫다 좋다를 분별하지 않고 모든 것을 받아들여 나를 키워 주는 대지와 같고 산과 바다와 같은 친구를 말한다.

돌이켜 생각해 보자. 나에게는 대지와 같고 산과 바다와 같은 친구(도반)가 몇이나 있는가. 아니 나는 정녕 누구에게 이와 같은 친구가 되어 주려고 얼마만 한 노력을 기울이며 살았는가. 누가 나에게 도움을 청해야만 일을 도와서는 안 된다. 불자로서 또한 보살로서 모든 생명과 이웃과 남을 위해 내 스스로 도울 일을 찾는 것이 진정 '발심한 보살'의 모습이다. 불자 한 사람 한 사람은 언제 어디서나 불청지우가 되어 어려움에 처하거나 도움이 필요한 사람을 자진해서 도와주는 보살행을 생활신조로 삼아야 한다.

보살행이란 희생과 봉사와 배려이다. 어떻게 보면 우리 불교인들은 매우 이기적인 면이 강하다. 부처님 앞에 나아가 기도한다는 것이 대부분 '나'라는 울타리 안에서 안주함을 기원한다. 기도란 것이 대부분 불보살님 전에 절하고 명호를 부르고는 나와 내 가족, 내 사업이 잘되게 해 주십사 하는 수준에 머물고 있다. 보살은 마땅히

'나'라는 울타리를 걷어 내고 "부처님! 나는 염려하지 마십시오. 나는 정견과 발심으로 언제 어디서나 불퇴전의 신심으로 살아갈 수 있습니다. 오직 남과 이웃과 사회, 나아가 인류와 모든 생명을 행복하게 해 주십시오."라고 기도해야 한다.

남을 위하는 것이 참으로 나를 위하는 것이다. 다른 이의 행복과 안녕을 위해 부처님을 생각하고 보살의 이름을 부르며, 몸과 마음으로 희생하며 봉사하는 불공을 실천하는 이가 몇이나 되는가? 불교는 무아, 무소득, 무소유로서의 가치를 지향한다. 보살이란 삶의 중심축이 '나'에서 '너'로 확대된 사람이다. 그런데 오늘날 사부대중은 과연 이러한 무(無: 비움)의 철학을 실천하고 있는가를 심각하게 성찰해 보아야 한다. 경에는 구함이 있으면 고통(윤회)이요, 구함이 없음이 즐거움(해탈)이라 했다.

🏵

겨울이 되어야 송백의 푸르름을 알고
어려운 일을 당해 봐야 그 친구를 알 수 있다.

얻을 바 없다

현색 선사에게 어떤 이가 물었다.

"보리를 유有에서 얻을 수 있는가?"

"얻을 수 없다."

"무無로부터 얻을 수 있는가?"

"얻을 수 없다."

"유와 무로부터 얻을 수 있는가?"

"얻을 수 없다."

"유와 무를 떠나서 얻을 수 있는가?"

"얻을 수 없다."

"이 뜻이 어떻게 얻는다는 것인가?"

"얻을 바 없음이니, 얻을 바 없음을 얻는 것을 일러 보리를 얻음
이라 한다."

정견이 제대로 갖추어지지 못한 수행자는 자칫 유와 무에 얽매이
게 된다. 유라고 하는 것은 스스로가 있는 것이 아니므로 인연이 아
직 생기지 않았을 때는 있지 아니한다. 무 또한 스스로 없는 것이

아니니, 인연이 흩어진 후에야 없게 되는 것이다.

유가 만약 본래 유라면, 유는 스스로 항상 있는 것이니 인연이 일어난 후에야 있게 되지 않을 것이다. 무 역시 만약 본래 무라면, 무는 스스로 항상 무일 수밖에 없으니 어찌 인연이 다한 뒤에야 비로소 무가 될 것인가. 모든 것이 인연(연기)으로 생겨나 있는 것이다. 인연으로부터 있게 되었으므로 유라고 할 수 없으며, 진여 가운데는 스스로 유가 될 수 없는 것이다. 인연이 다하면 없게 되는 것이다. 인연으로 없게 되므로 무가 아니며, 청정한 마음 가운데는 무가 없다. 유와 무의 법은 망상의 영역이니 어찌 성도聖道를 나타내기에 족할 것인가.

깨닫는다고 하는 것은 얻을 바 없음을 깨닫는 것[悟無所得]이다. 있음도 아니요, 없음도 아니기에 얻고 잃을 바가 없다. 그러므로 얻을 바 없음을 얻는 것, 이것이 보리를 얻는 것이라고 말하는 것이다. 일체의 유위법에서 얻어도 얻은 바가 없고, 잃어도 잃은 바가 없다. 무득무실無得無失의 삶이 보리의 삶이다. 무위의 법에서는 다 갖추어진 본래부처이기에 밖에서 따로 얻어 보탤 것이 없다. 그러므로 얻을 바 없음을 깨닫는 것이 보리라고 말하는 것이다.

❀

얻었다 해도 본래 있는 것이요,
잃었다 해도 본래 없는 것이다.

허공에 말뚝을 박고

삼조 승찬 대사에게 도신이 청했다.

"화상께서 자비를 베푸시어 해탈법문을 들려주십시오."

승찬이 도리어 물었다.

"누가 그대를 속박한 일이 있는가?"

"아무도 속박한 이가 없습니다."

"그런데 어찌 다시 해탈을 구하는가?"

이 말 아래 도신이 크게 깨달았다.

중생은 누구도 속박한 일이 없는데 스스로 속박되어 괴로워하며 벗어날 줄 모른다. 속박은 마음으로부터 묶이는 것이며, 해탈은 마음으로부터 풀려나는 것이니, 해탈과 속박이 마음에 달려 있을 뿐이다. 마음은 본래 허공처럼 공한데, 공한 마음 즉 허공에 스스로 말뚝을 박아 스스로 묶인 꼴이 되었다.

해탈에는 자성해탈自性解脫과 이구해탈離垢解脫이 있다. 마음이 본래 공한 자리, 즉 자성이 본래 청정하여 그대로 해탈을 현전하고 있기 때문에 자성해탈이라 하고, 본래 때(번뇌)가 없는 청정이지만 중생은 그것을 알지 못하므로 짐짓 방편으로 때를 여의고 해탈을 얻으니 이를 일러 이구해탈이라고 말한다.

이구해탈을 성취하기 위해서는 고요한 곳에 앉아 좌선을 행해야 한다. 좌선의 구체적 방법은 몸과 마음을 직관하고, 일체 모든 것이 본래로 공적하고, 불생불멸이며, 평등하여 둘이 아니며, 본래로 무소유여서 구경에 적멸하여 본래부터 청정한 해탈이라고 관찰해야 한다.

낮과 밤을 가리지 않고 행주좌와에 항상 이 관을 하게 되면 곧 자신이 물속의 달[水中月]과 같고, 거울에 비친 상[鏡中像]과 같으며, 뜨거운 날의 아지랑이와 같고, 허공이 메아리를 수용함과 같음을 알게 된다. 있다고 하더라도 어느 곳에서도 찾아볼 수 없고, 없다고 하더라도 항상 두렷이 눈앞에 있다.

용성 선사 또한 "있는 것도 아니요, 없는 것도 아니다."라고 말하고, "이것이 도대체 무엇인가?"라고 참구할 것을 강조하고 있다. 이른바 '나지도 않고 멸하지도 않고, 구경에 적멸하여 본래부터 청정 해탈되어 있는 이것'이 무엇인가?

❀

묶은 사람은 없는데
묶인 사람은 많다.

하나를 지켜라

    도신 선사는 생사해탈을 위한 좌선수행의 요점을 다섯 가지로 나누어 설명하고 있는데, 그 가운데 마지막 다섯 번째가 '수일불이守一不移'라는 것이다.

    수일불이는 '하나를 지켜 움직임이 없다.'라는 말이다. 즉 이 공하고 깨끗한 눈으로 하나의 사물에 주의하기를, 밤낮으로 간단없이 이어 가며 오로지 힘써 항상 움직임이 없는 것이다. 그 마음이 흩어져 달아나려고 하면 급히 거두어들이는 것이 마치 새의 다리를 끈으로 묶어 두었다가 날아가려고 하면 끈을 잡아당기는 것과 같이 하며, 온종일 끊임없이 관하면 고요하여 마음이 스스로 정定에 들게 된다.

    하나를 지킨다고 하는 것은 일심의 진여를 지킴이다[守一心如]. 일심의 진여란 불성이요, 법성이며, 자성청정심이다. 일심의 진여를 지키기 위해서는 마음을 거둬들이는 섭심攝心을 행해야 한다.

    도신은 움직이고 고요한 가운데 한결같아 능히 수행자로 하여금 불성을 밝게 보아 빨리 선정에 들게 하기 위해서는 수일불이의 좌선관심을 닦으라고 하였다. 그 이유를 『관무량수경』의 '시심시불是

心是佛, 시심작불是心作佛'의 법문을 인용해 설명하고 있다. 즉 '모든 부처님의 법신이 모든 중생의 마음에 들어가니, 이 마음이 부처요, 이 마음이 부처를 만든다.' 하였으니, 마땅히 부처가 마음이라, 마음 밖에 따로 부처가 없음을 알아야 한다.

이 마음이 부처요[是心是佛], 이 마음이 부처를 만들기 때문에[是心作佛] 이 마음을 떠나서는 부처가 있을 수 없다. 그러므로 이 마음을 모아 선정을 통해 해탈하는 것이다. 수일불이의 수중 방법론에서 가장 중요한 키워드가 바로 '간단없이' 또는 '끊임없이'라는 말이다. 세간사에서도 끊임없이 노력하는 자가 성공하듯이 출세간의 수행 역시 간단없는 연속이요 반복이다. 바위틈에 떨어지는 물방울이 바위를 뚫듯이, 염불을 하든 화두를 참구하든 끊어짐이 없어야[無間斷] 삼매에 들 수 있다.

❀

뚫지 않으면
구멍이 생기지 않는다.

변함이 없는 곳

조산본적 선사가 스승 동산양개 선사에게 작별 인사를 하자, 동산이 물었다.

"어디로 가려는가?"

"변함이 없는 곳으로 가려고 합니다."

"변함이 없는 곳에 어찌 가는 것이 있겠는가?"

"가더라도 변함이 없습니다."

마침내 인사하고 떠났다.

변함이 없는 곳은 불변不變의 본체를 말함이요, 가더라도 변함이 없는 것은 수연隨緣의 작용을 말하는 것이다. 진리의 본체는 불변이지만, 그 불변을 지키지 않고 수연하여 이룸이 있다. 그러므로 불변이지만 수연이요, 수연이지만 불변인 것이다. 진공이면서 묘유이고, 묘유이지만 진공인 것이다.

불변수연의 본분사를 체득한 사람은 불변에도 머물지 않고 수연에도 걸림이 없다. 이런 사람은 일체 경계에 자재하여 막힘이 없다. 결국 변함없는 불변의 도리를 깨달았다면 실천하는 행도 한결같아야 한다. 이를 다른 말로 하면 증득과 교화를 밝힌 것이다. 변함이 없기에 증득이고, 모든 곳으로 가는 것은 교화를 행하는 것이다. 모름지기 불변과 수연 그 어디에 응용해도 막힘이 없으며, 서로 회호回互하여 자유롭게 자리를 바꿀 수 있어야 불조의 정법당간이 무너지지 않게 될 것이다.

본적 선사는 체용자재體用自在의 관점에서 세 종류의 방편지혜[三種墮]를 제시하고 있다.

"범부의 생각과 성인의 견해가 곧 쇠사슬과 같은 그윽한 길이다. 그러니 모름지기 그것을 회호할 줄 알면 그만이다. 대저 불조의 혜명을 올바르게 계승하려는 자라면 마땅히 세 가지 종류의 방편지혜를 갖추어야 한다."

첫째는 축생이 되는 것이니, 류타類墮이며
둘째는 성색聲色을 끊지 않음이니, 수타隨墮이고
셋째는 음식을 받지 않음이니, 존귀타尊貴墮이다.

첫째 류타類墮라는 것은, 털을 뒤집어쓰고 뿔을 달고 태어나는[披毛戴角] 축생 가운데서 구제하는 것이다. 즉 출가 사문이라는 신분을 초월하여 이류중행異類中行하는 보살행을 실천하기에 (축생) 부류와 함께한다고 해서 류타類墮라고 한다.

둘째 수타隨墮이니, 소리와 모양 등을 대상 경계를 끊지 않고 수연자재하는 대자유인의 경지를 구가하는 것이다. 즉 색성향미촉법의 육진 경계에 집착하지 않고 수순하는 자재의 경지인 것이다.

셋째 존귀타尊貴墮는 존귀함마저 초월하는 것이다. 여기서 말하는 음식은 본분 일대사를 말하는 것이다. 본분 일대사를 취하여 생사를 해탈하였으되, 열반에 머무르지 않고 중생을 교화하는 무주묘행을 실천하기에 존귀타라고 한다.

조주 선사가 남전 선사에게 "철저히 깨달은 사람은 어디로 가야 합니까?"라고 물으니 대답하기를, "산 밑의 단월 집에 한 마리 소가 되었다." 하였다. 이류중행이란 깨달은 사람이 동류의 사람뿐만이 아니라, 육도윤회하는 축생, 아귀, 지옥 등 다른 부류의 중생들 가운데서 교화행을 펼친다는 것을 말한다.

❀

밝은 달은 강물에 비쳐도
그 밝음을 잃지 않는다.

무슨 물건이 왔는가?

　　남악회양 선사가 숭산의 혜안 선사 문하에서 수학하다가 도반 탄연과 더불어 육조 혜능을 참문하였다. 육조가 물었다.

　　"어디서 왔는가?"

　　회양이 답했다.

　　"숭산에서 왔습니다."

　　"무슨 물건이 이렇게 왔는가?"

　　이 '무슨 물건'에 막혀서 8년을 참구하였다. 안목이 열린 후 다시 말했다.

　　"설사 한 물건이라 해도 맞지 않습니다."

　　"닦아서 증득할 수 있는가?"

　　"닦아 증득함이 없지 않지만, 더러움에 물들지는 않습니다."

　　"바로 이 더러움에 물들지 않는 것이 모든 부처님들이 호념하는 바이다. 그대도 이미 그러하고 나도 또한 그러하다."

　　회양이 육조를 만나 개오하는 과정을 그리고 있다. 중생이 본래

부처이지만 다시 수행을 통해 증득해야 한다. 다만 그 본래부처 자리는 중생이나 부처를 막론하고 여여하기 때문에 더러움에 물들지 않는 것이다. 그래서 그 자리는 불구부정不垢不淨이다.

회양 선사는 좀 특이한 이력을 가지고 있다. 처음 천태종 옥천사에서 홍경 율사에게 득도하여 천태지관을 수습하였다. 또한 같은 산문에 위치한 도문사에서 북종의 보적 선사로부터 북종선을 닦았으며, 숭산에서 역시 북종선 계통의 혜안 선사로부터 선을 익혔다. 마지막으로 남종의 혜능에게 사사하여 일대 종사가 된 분이다.

그리고 천태종의 2대 조사 남악혜사를 흠앙하여 남악의 반야사에 은거하면서 조사선의 꽃이라 불리는 마조도일을 배출하였다. 천태선과 북종선 그리고 남종선을 두루 융섭한 이가 바로 남악회양인 것이다. 이러한 사실로 미루어 볼 때, 두루 섭렵한 사람이 하나로 통섭할 수 있음을 알 수 있다.

❁

여산의 진면목을 알 수 없는 것은
단지 이 몸이 여산 가운데 있기 때문이다.

선다일미

한 잔의 차는 한 조각 마음에서 나오니   一碗茶出一片心

한 조각 마음은 한 잔의 차에 있네.   一片心在一碗茶

마땅히 한 잔의 차를 맛보아야 하리.   當用一碗茶一嘗

한 번 맛보면 한량없는 즐거움이 생기리.   一嘗應生無量樂

선다일미禪茶一味의 백미로 꼽히는 함허 선사의 시이다. 한 잔의 차가 비록 한 조각 마음에서 나왔지만, 그 마음 또한 한 잔의 차에 담겨 있다. 이것이 체용일여로 표현된 선다일미의 경지이다. 함허의 선경에서는 한 잔의 차가 단순한 목마름을 해소함을 넘어 이고득락離苦得樂의 경지로 승화되고 있음을 볼 수 있다.

다성茶聖이라 불리는 초의 선사 또한 선다일미를 이렇게 노래하고 있다.

솔솔 찻물 끓는 소리, 시원하고 고요하니

맑고 찬 기운 뼈에 스며, 마음을 일깨우네.

오직 흰 구름 밝은 달, 두 벗을 삼으니

도인의 찻자리, 이보다 빼어날쏘냐.

선다일미란, 말 그대로 마음 밝히는 선수행과 차 마시는 일이 다반사茶飯事로 하나의 맛이라는 뜻이다. 밥 먹고 차 마시고 수행함이 어찌 일상의 삶을 떠나 있을 수 있겠는가. 삶이 곧 수행이니, 차 마시는 행위 그대로가 선수행인 것이다. 행다行茶의 경지가 그대로 행선行禪의 경지가 됨을 옥천자 노동의 「칠완다가」에서 이렇게 노래하고 있다.

사립문 닫혀 있고 찾아오는 사람 없어도
사모를 머리에 쓰고 홀로 차를 끓여 마시네.
푸른 구름은 끊임없이 바람을 부르고
백화는 떠서 찻그릇에 엉기어 있네.
첫째 잔을 드니 목과 입술이 부드러워지고
둘째 잔을 드니 고독과 번민이 사라지네.
셋째 잔을 마시니 마른 창자에 오직 문자 오천 권만 남아 있고
넷째 잔에 이르니 내 평생에 불평스러웠던 일들이
온몸의 털구멍을 통해 흩어지네.
다섯째 잔을 마시니 근육과 뼈가 맑아지고
여섯째 잔에서 선령仙靈에 통한다.
일곱째 잔에서는 마셔도 얻을 것이 없구나.
오직 양 겨드랑이에서 솔솔 맑은 바람이 나옴을 느낄 뿐이다.
봉래산이 어디 있느냐.

나 옥천자는 이 청풍을 타고 돌아가고 싶다.

산 위의 신선들은 아래 세상을 맡고

땅은 맑고 높아 비바람을 막는다.

어찌 알겠는가.

백만 억조창생이 천길 벼랑에 떨어져 천신만고 겪음을.

바로 간의를 쫓아 물을거나.

억조창생이 끝내 숨 돌릴 수 있는가 없는가를.

　옥천자는 말한다. 일곱 번째 잔을 마시니 '얻을 바가 없는' 깨달음의 경지가 되어, '양 겨드랑이에서 맑은 바람'이 일어나는 소식을 전하는 선다일여의 경지를 노래하고 있다. 그리고 마지막으로 억조창생(중생)이 천신만고를 벗어나 숨 돌릴 여유를 가질 것을 발원하고 있다. 차를 마심이 차 마심에 그치지 않고 깨달음과 중생 구제의 비원을 담고 있으니 선다문화의 최고봉을 맛보게 하고 있다.

인시에는 한 국자의 미음을 마시고	寅漿飮一杓
오시에는 한 발우의 밥에 배부르고	午飯飽一盂
목마르면 세 잔의 차를 마시니	渴來茶三椀
유와 무를 알고 모르고 상관이 없다.	不管會有無

고려의 원감충지 선사가 읊은 다반사의 무사선無事禪 경지이다.

차 한 잔 따르니 잔마다 물방울이 일어난다.
물 한 방울마다 부처님 한 분 계시네.

으뜸가는 진리

무엇이 가장 성스럽고 으뜸가는 진리입니까?
텅 비어서 성스럽다 할 것이 없습니다[廓然無聖].

양무제가 일찍이 스스로 가사를 수하고 『방광반야경』을 몸소 강설하자 감응하여 하늘꽃이 내리고 땅이 황금으로 변하였다. 당시 번창하던 도교의 가르침을 물리치고 칙령으로 사찰을 짓고 승려에게 도첩을 내려 출가를 권장하고, 불법을 몸소 실천하니 과연 '불심천자'라 불리었다.

선종의 입장에서는 선종의 초조인 달마의 선법을 선양함에 있어서, 달마를 드러내기 위해서는 세속권위의 최고인 황제이면서 또한 불심천자로서 몸소 경전을 강설할 정도로 교학불교의 상징적 인물인 양무제와 대비시키는 것이 가장 효율적이었을 것이다. 당시 선종의 입지가 전무한 상태에서 세속권위와 기존의 교학불교를 동시에 뛰어넘어 선의 종지를 세우기 위한 고도의 방편이 달마와 무제의 상봉으로 연출되었을 것이다.

옛 조사는 평하기를, "텅 비어서 성스럽다 할 것도 없다는 말씀을 꿰뚫어 아는 사람이 있다면 본래의 자기 집으로 돌아가 편안히 쉬리라." 하였다. 그래서 확연무성廓然無聖의 도리가 『벽암록』의 제일 공안의 위치를 차지하게 된 것이다.

무제는 누약 법사, 부대사, 소명 태자 등과 함께 진제·속제 이제二諦에 대해 의논한 바 있었다. 교학의 가르침에 의거하면 '진제란 있지 않음[非有]을 밝힌 것이고, 속제는 없지 않음[非無]을 밝힌 것'이니, 진·속 이제가 둘이 아님이 근본이 되는 성스러운 진리라고 하였다. 이는 교학의 가장 핵심이며 궁극의 경지인 불이법문이다. 무제는 바로 이 궁극의 경지를 들추어 달마에게 한마디를 던진 것으로 세상에서 가장 으뜸가는 성스러운 진리를 물은 것이다.

이에 달마 대사는 "텅 비어서 성스럽다 할 것이 없다."라고 바로 내지르고 있다. 교학에 정통하고 있는 무제 스스로가 자신을 옭아매어 버렸다. 일체는 공하기에 짐짓 텅 비었다고 표현한 것이다. 그렇다고 텅 비어 아무것도 없는 단멸공을 말하는 것은 아니다. 불이중도의 입장에서 보면 진·속이 따로 없다. 진이 성스럽다고 하면 속은 성스럽지 않은 것이 되어 버린다. 이분법의 그물에 걸려 버린다.

중생은 중도불이의 진여본성을 알지 못하여 항상 선과 악, 진과 속, 생과 사, 범과 성 등의 이원적 분별을 거듭하여 생사에 유전한다. 진리란 곧 진리가 아니라, 그 이름이 진리인 것이다. 거기다 더 보태어 '성스러운 진리'를 구하면 성스러움과 속됨의 양변에 떨어지게 되어 진리와는 멀어지게 된다.

❀
곡조가 높으면
화답하는 사람이 적다.

청빈가풍

　조산본적 선사에게 청세 스님이 질문했다.

　"저 청세는 너무나도 가난합니다. 선사께서는 저에게 좀 베풀어 주십시오."

　조산 선사가 '청세여!' 하고 불렀다.

　청세 스님이 '예.' 하고 대답했다.

　조산 선사가 말하길, "청원의 백가주를 석 잔이나 마시고도 입술이 젖지도 않았다고 하느냐!"라고 했다.

　훗날 무문 화상이 게송으로 이렇게 찬하였다.

　청세의 가난하기는 범단과 같으나
　그 기개는 항우와 같도다.
　한 푼 없는 살림살이로도 당당하게
　조산 스님과 부귀를 다투고 있네.

　여기서 언급된 범단은 청백가풍淸白家風의 대명사로 불리는 후한의 선비이다. 그는 자가 사운史雲이었으며, 내무의 수령을 지냈다. 당시 백성들이 다음과 같은 노래를 지어 부를 정도로 청빈한 삶을 살았다고 한다.

시루 속에는 먼지가 일어나는 범사운이요,　　　甑中生塵范史雲
가마 속에는 물고기가 사는 범내무로다.　　　釜中生魚范萊蕪

종문에 "정情은 가난해야 하고, 도道는 부유해야 한다."라는 말이 있다. 정은 업식을 말하고, 도는 참마음을 가리킨다. 뼛속까지 가난함이 최상의 부유이다. 도의 본체는 업식이 다 소멸되어야 드러나기에 가난에 비유되는 것이다. 청세 스님은 정식(번뇌)을 소멸하고 도의 본체를 깨달은 분이기에 가난하기는 범단과 같으나 그 기개는 항우와 같다고 말한 것이다.

일체가 공인 도리를 체득한 청빈의 수행자 청세는 조산을 향해 당당하게 거량하고 있다. 그야말로 옛 선사의 말처럼 "위로는 한 조각 기와도 없고, 아래로는 송곳마저 없는" 본래무일물의 경지를 체득한 청세는 의기양양하게 한마디 일러 주기를 청하고 있다. 그러나 본분작가인 조산 선사가 '청세여!'라고 부르고, 청세가 '예.' 하는 순간, 주관의식과 대상 경계를 텅 비워 아공과 법공의 경지를 체득했다면서 어찌 명자상도 벗어나지 못했다며, "천하의 명주를 잔뜩 마시고도 입술이 젖지 않았다고 하는가?"라고 질책하고 있다.

일체가 텅 비어 공한 도리를 깨우쳤다 하더라도 다시 몸을 솟구쳐 공마저 공한 도리를 증득해야 일 마친 장부가 되는 것이다. 이것이 진정 일 마친 한도인의 문풍이요, 뼛속까지 가난한 청빈가풍이다. 일대사를 깨닫기 전에도 청빈이요, 깨달은 후에도 청빈이다. 예로부터 춥고 배고파야 도 닦을 마음을 낸다고 하였다. 그러므로 성철 선사의 「납자십계」 가운데 '안빈安貧'에 이렇게 읊고 있다.

떨어진 누더기에 머리를 깎고 올연히 앉았으니　　破衲蒙頭兀然坐
부귀와 영화가 구름 밖의 꿈이로구나.　　　　　富貴榮華雲外夢
쌀독에 비록 한 알의 쌀도 없지만　　　　　　　瓶甕雖無一粒米
만고의 광명이 대천세계를 비추는구나.　　　　萬古光明照大千

비록 누더기에 체발이라 형색은 초라하게 보일지 모르지만, 한낱 꿈속의 일인 부귀영화가 어찌 납자의 기개를 무너뜨릴 수 있겠는가. 당장 한 톨의 쌀알도 없는 가난일지라도 만고의 자성광명은 그대로 우주 만상을 비추고 있다. 종문에서는 납자의 수행가풍은 망정妄情에 떨어져 한 치의 오차도 허락하지 않는 저울에 비유하기도 한다. 가슴에 일체의 정식을 소탕하고 서릿발 같은 기상으로 일념생사를 대적함에 한 생각 일으켜 미혹되면 평상심을 잃어버리게 된다.

청백가풍은 저울과 같으니　　　　　　　　　　清白家風直似衡
어찌 높고 낮음을 따라 인정에 떨어지겠는가.　豈隨高下落人情
저울에는 날파리가 앉는 것도 허락지 않으니　秤頭不許蒼蠅坐
조금만 기울어도 평정을 잃는다네.　　　　　　些子傾時失正平

한 생각 어긋나면 중생이요,
한 생각 깨달으면 부처이다.
중생은 망념의 부자요,
부처는 망념의 걸사이다.

여릉의 쌀값

어떤 스님이 물었다.

"어떤 것이 불법의 대의입니까?"

청원행사 선사가 대답했다.

"여릉의 쌀값이 얼마던가?"

행사 선사는 육조 혜능의 제자이다. 길주 청원산 정거사靜居寺에서 행화했기에 청원행사淸原行思라고 부른다. 육조에게 법을 인가받았으며, 하택신회, 남악회양과 더불어 육조 문하의 3대 제자이다.

위에서 언급하고 있는 '여릉의 쌀값[廬陵米價]'이라는 공안도 그 당시의 어떤 납자와의 문답에서 연유한 것이다. 여릉은 강서성 여릉현을 가리키며, 선사가 머물던 청원산과 가까운 곳에 있으며 옛날부터 곡창지대로 이름나 있었다. 쌀은 인간생활과 가장 밀접하면서 평범한 것이다.

진리는 마음 밖에 있는 것도 아니요, 일상생활을 벗어나 있는 것도 아니다. 현실을 떠난 이상의 세계에서 진리를 찾고 있는 납자에게 선사는 일상의 삶 가운데서 불법의 대의를 찾도록 지시하고 있는 것이다.

이에 대해 뒷날 열재 거사는 이렇게 송하고 있다.

여릉의 쌀값이 요즘 얼마인가.	廬陵米價今多少
달이 둥글 때는 크고, 이지러질 때는 작다 하노라.	月圓時大缺時小
다시 강변에 홀로 깬 사람이 있어	更有江邊獨醒人
눈뜨고 꿈을 꾸면서 날 밝음에 이르도다.	開眼做夢到天曉

쌀값은 지방마다 다소의 차이가 있어 비싸고 싼 경우가 있겠지만 쌀의 가치는 한결같다. 헤매는 마음으로 보게 되면 알 수 없다. 행사 스님의 낙처를 알고자 하는가? 달은 서산에 지는데 해는 동쪽에 떠오른다.

여릉의 쌀값이 오르내리더라도 귀한 가치는 한결같다. 달 또한 보름달이나 초승달로 그 비치는 겉모양은 차이가 있지만 두렷한 본래 모습(본래면목)은 그대로이다. 이것이 불변수연不變隨緣이요, 진공묘유眞空妙有의 불이중도이다. 강변에서 무심한 강을 바라보며 홀로 깨어 있는 사람이 누구인가? 눈뜨고 새벽을 맞이하는 사람, 불변수연의 도리를 깨달아 꿈 깨고 꿈을 꾸는 깨어 있는 수선자이다.

❀

중생이 불법을 알면 곧 부처요,
부처가 불법을 깨달으면 곧 중생이다.

갈대꽃에 잠자다

어떤 스님이 용성진종 선사에게 물었다.

"부처님께서 '깨달음의 본성은 청정하다.'라고 말씀하셨는데, 이미 청정하다면 무엇 때문에 미혹하게 되는 것입니까? 미혹[迷]과 깨달음[悟] 두 단어가 나는 참으로 의심스럽습니다."

용성 선사가 대답했다.

"그대가 눈을 뜨고 있을 때 무엇 때문에 졸게 되는가? 눈이 만약 잠자지 않으면 모든 꿈은 저절로 제거되고, 마음이 만약 다르지 않으면 모든 법이 한결같다. 물에는 본디 얼음이 없지만 추위로 인해 얼음이 되고, 본성에는 본디 미혹이 없지만 습기로 인하여 범부가 되는 것이다.

그러므로 얼어붙은 연못이 전부 물인 줄 알지만 따스한 기운을 빌려 녹이고, 범부가 바로 부처임을 깨달았지만 법력을 의지하여 훈습한다. 얼음이 녹으면 물이 흐르고 촉촉해져서 비로소 물을 대거나 세척하는 효력을 드러내고, 망념이 다 없어지면 마음이 영통하여 마땅히 신통과 광명의 작용을 나타내는 것이다."

용성 선사께서 출가하여 몇 달이 지나지 않아 고운사의 수월영민 장로를 참문하고 물었다.

"생사가 일대사인데, 무상이 신속합니다. 어떻게 하여야 견성할 수 있겠습니까?"

수월 화상께서 대답하였다.

"부처님 가신 지 오래되어 마군은 강대하고 불법은 미약하여, 숙세의 업장이 두터워서 약한 선업으로는 제거하기 어려우니, 삼보에 지성으로 예배하고 부지런히 대비신주를 염송하면, 자연히 업장이 소멸하고 마음 광명이 통하여 드러날 것이다."

이로부터 선사는 불철주야 천수 대비주를 부지런히 염송하여 숙세의 업장을 녹였다. 이후 양주 보광사 도솔암에서 일념이 마치 칠통 밑이 빠져 버린 것과 같음을 체득하였다.

다음과 같이 게송을 읊었다.

오온 산 가운데서 소를 찾는 나그네여,	五蘊山中尋劍客
빈집에 홀로 앉으니 밝은 달이 외롭구나.	獨坐虛堂一輪孤
모나고 둥글고 길고 짧다고 누가 말했는가.	方圓長短誰是道
한 덩어리 불꽃이 대천세계를 태우는구나.	一團火炎燒大千

그 후 금강산 표훈사에 이르러 무융 선사를 참례하고 이전의 기연에 대해 구체적으로 말씀드렸다. 무융 선사께서 물었다.

"일념이 마치 칠통 밑이 빠져 버린 것과 같다는 것을 알 수 있는 놈은 무슨 물건인가?"

이로부터 다시 무자화두를 참구하였다. 통도사에서 선곡 율사로부터 비구계를 수지하고 지리산 금강대에서 동안거를 지내고 송광사 삼일암에서 하안거를 보내던 중 여가에 『전등록』을 열람하다가 "달이 당겨진 활과 같으니[月似彎弓], 비는 적고 바람은 많다[小雨多風]."라는 구절에 이르러 홀연히 본래면목을 밝히니, 일면불월면불 화두와 무자화두의 의취가 환하게 밝아졌다.

그 후 제방에서 율사와 강사에게 사사하여 경을 두루 섭렵하고, 월화 강백, 호명 선사, 도식 선사 등을 차례로 참방하여 거량하고, 어느 가을 구월에 낙동강을 지나다가 우연히 게송을 읊었다.

금오산 천년의 달이요,	金烏千秋月
낙동강 만 리의 파도로다.	洛東萬里波
고기 잡는 배는 어디로 갔는가.	漁舟何處去
예전대로 갈대꽃에 잠자는구나.	依舊宿蘆花

❀

대장부가 온몸을 던져 크게 죽어 보지 않고서야
어찌 도를 알겠는가.

돈오 일문

어떤 스님이 대주혜해 선사께 물었다.

"어떤 법을 닦아야 곧 해탈을 얻을 수 있겠습니까?"

"오직 돈오의 한 문만이 곧 해탈을 얻을 수 있느니라."

"어떤 것을 돈오라고 합니까?"

"'돈'이란 단박에 망념을 없앰이요[頓除妄念], '오'란 얻은 바 없음을 깨치는 것이니라[悟無所得]."

전미개오轉迷開悟라는 말이 있다. 한 생각 미혹으로부터 공함을 단박에 깨친다는 것이다. 성인은 마음을 구하나 부처를 구하지 아니하고, 어리석은 사람은 부처를 구하면서 마음을 구하지 아니한다. 지혜로운 사람은 마음을 다스리나 몸을 다스리지 아니하고, 어리석은 사람은 몸은 다스리나 마음을 다스리지 아니한다.

마음이 근본이므로 그 근본을 다스려야 말단을 편안하게 할 수 있다. 『능가경』에 이르기를, "마음이 일어나면 갖가지 법이 생겨나고, 마음이 없어지면 갖가지 법이 없어진다."라고 하였고, 『유마경』에서는 "정토를 얻고자 하면 마땅히 그 마음을 깨끗이 하여야 하나니, 그 마음 깨끗함을 따라 불국토가 깨끗해진다."라고 하였다.

만약 생사로부터 해탈을 구하는 사람은 먼저 마음을 통달해야 한다. 마음의 이치를 통달하지 못하고 헛되이 노력하여 밖으로 구하면 그르치게 된다. 따라서 경에 설하기를, "바깥 모양에서 구한다면 비록 몇 겁을 지난다 해도 마침내 이루지 못할 것이요, 안으로 마음을 관조하여 깨치면 한 생각 사이에 보리를 증득한다."라고 하였다. 한 생각에 단박 깨치는 것을 돈오라고 한다.

중생은 무엇을 얻고자 밖으로 구하지만, 부처는 얻을 바 없음을 깨달아 안과 밖이 명철하다. 구함이 있으면 중생이요, 구함이 없으면 부처이다. 중생이라고 해서 잃을 것도 없고, 부처라고 해서 얻을 것도 없다. 원만구족함을 알았기에 더 보탤 것이 없다. 그래서 부중불감이다. 그러므로 본래부처임을 알아 얻을 바 없음을 깨치는 것이 진정한 깨달음이다.

❀

눈으로 천 리를 바라보고자 하면
다시 한 층 위로 올라가야 한다.

광명이 나기 이전

어느 날 장사경잠 선사가 산을 유람하고 문 앞에 당도하자, 어떤 수좌가 물었다.

"스님, 어디를 다녀오십니까?"

"산을 유람하고 오는 길이다."

"어디까지 갔다 오셨습니까?"

"처음에는 향기로운 풀을 따라갔다가, 지는 꽃을 따라서 돌아왔느니라."

"아주 봄날 같군요."

"아무렴. 가을날 이슬방울이 연꽃에 맺힌 때보다 낫지."

뒷사람이 게송으로 읊었다.

대지에는 티끌 한 점 없는데
어느 사람인들 보려 하지 않으랴.
처음에는 향기로운 풀을 따라갔다가
다시 지는 꽃을 따라 돌아왔네.

파리한 학은 차가운 나무 위에 발돋움하고
미친 원숭이는 옛 누대에서 휘파람 부네.
장사의 한없는 뜻이여!

장사 선사의 한없는 뜻이 어디 있는가? 봄이 되니 백화가 만발하여 벌나비 춤을 추고, 강남 갔던 제비들이 돌아와 집을 짓는다. 어디 장사 선사뿐이겠는가. 모든 사람이 '향기로운 풀을 따라가고, 지는 꽃을 따라서 돌아오는' 삶을 살아가고 있다.

장사와 앙산이 함께 달구경을 하고 있었다. 앙산이 달을 가리키며 말했다.

"사람마다 이것(불성)이 있지만 사용하지 못할 뿐이다."

장사가 말했다.

"옳지, 그것 좀 빌려 써 봤으면 좋겠다."

앙산이 말했다.

"화상이 한번 사용해 보세요."

그러자 장사는 앙산을 한 발로 걷어차 버렸다. 앙산이 일어나면서 말했다.

"사숙께서는 마치 호랑이 같군요."

그 후로 사람들이 장사 화상을 잠대충*이라고 불렀다.

● 잠대충岑大蟲: 높은 산의 호랑이.

지금 견문각지로 불성이 드러나고 있다. 다른 이에게 전혀 빌려 쓸 필요가 없다. 그냥 불성을 쓰면 되고, 불성으로 살면 된다. 온 천지가 불성 그 자체의 작용이 아닌가?

장사 선사가 설했다.

"내가 만일 매양 종교만을 선전한다면 법당 앞에 풀이 한 길이나 자라게 된다. 그러므로 나는 어쩔 수 없이 그대들에게 말하노니, 시방세계가 온통 사문의 눈이요, 시방세계가 온통 사문의 온몸이요, 시방세계가 온통 자기의 광명이요, 시방세계가 온통 자기 광명 속의 것이며, 시방세계가 온통 자기 아닌 것이 없다. 내가 항상 그대들에게 말하기를 삼세의 부처님들과 법계의 대중들이 모두가 마하반야의 광명이라 하였는데, 광명이 나기 전에 그대들은 어디에 있었는가. 광명이 나기 전에는 부처와 중생이라는 징조도 없거늘 산하와 국토는 어디서 생겼는가.

시방세계가 온통 광명이요, 자기 아님이 없다면, 광명이 나기 전 무엇이 자기의 본래 모습인가. 광명이 나기 전에도 부처요, 난 후에도 부처이다. 참구하고 참구하라. 청정본연하기에 산하대지가 생겨났다고 하지 않았던가."

❀

한 송이 꽃으로 봄을 말하고
한 방울의 물로 바다를 말한다.

이것은 무엇입니까?

　어느 날 풍혈연소 선사께서 대중이 다 보는 앞에서 엉엉 소리를 내며 대성통곡을 하였다. 대중이 깜짝 놀라서 "큰스님, 왜 그러십니까?"라고 물었다. 대답인즉, 임제의 종풍이 나의 대에 이르러 끊어지는 것이 슬퍼서 운다고 하였다.

　당시 대중 가운데 수산성념이라는 남자가 있었는데, 평소 『법화경』에 심취하여 있었다. 『법화경』 전문을 다 암송할 정도로 항상 『법화경』만 지송하였다. 그래서 별명이 '염법화念法華'라고 할 정도였다.

　이 스님이 연소 선사가 대성통곡하는 모습을 보고 안타까워서 말하길, "큰스님, 저라도 공부를 좀 더 열심히 해서 스님의 법을 이어받으면 안 되겠습니까?"라고 하였다. 그랬더니 풍혈 선사가 "그대는 법화경에 걸려 있어서 안 되겠네."라고 말했다.

　『법화경』을 지송하는 공부가 잘못된 것은 아닐 것이다. 다만 혜능 스님이 말했듯이, 수산이 법화를 굴리느냐, 법화가 수산을 굴리느냐가 문제일 뿐이다. 『법화경』만 고집하고 있는 수산 납자를 위해 법화에 굴림을 당하고 있지 않느냐고 환기시키고 있는 것이었다. 이에 수산 스님이 말하길, "제가 법화경을 버리면 되지 않겠습니까?"라고 하였다. 이때부터 수산성념은 사교입선하여 『법화경』 독송을 접고 참선수행에 전념하여 선지를 깨달아 임제 법맥을 계승하게 되었다.

어느 날 수산성념 선사가 섭현귀성에게 물었다.

"만일 이것을 죽비라 부르면 '범하는' 것이고, 죽비라 부르지 않으면 '등지는' 것이다. 어서 말해 보라. 무어라고 불러야 하겠느냐?"

죽비라고 부르면 경계를 이루게 되고, 죽비라고 부르지 않으면 등지게 된다고 하니, 말을 해도 안 되고 말이 없어도 안 된다. 어떻게 해야 되겠는가?

귀성 화상이 이 말에 크게 깨닫고 드디어 손으로 죽비를 가져다가 꺾어서 계단 밑에다 던져 버리고 도리어 물었다.

"이것은 무엇입니까?"

'교'는 말 있는 데서 말 없는 곳에 이르는 것이고, '선'은 말 없는 데서 말 없는 곳에 이르는 것이라고 하였다. 말이 끊어지고 생각마저 끊어진 그 자리에서 다시 묻는다.

부처란 무엇인가?

신부는 나귀를 타고 시어머니는 고삐를 끄네!

벌이 꽃에서 꿀을 따지만
꽃의 꿀만 딸 뿐 향기는 취하지 않는다.

금사탄의 마씨 부인

어떤 스님이 풍혈연소 선사에게 물었다.

"어떤 것이 청정법신입니까?"

"금사탄의 마씨 부인이다."

금사 여울의 마씨 부인이란 말은 『석씨계고략』 제3권에 전하는 이야기이다. 당나라 헌종 때 섬서 금사탄이란 곳에 아름다운 여인이 나타났다. 사람들은 이 여인의 미색에 반해 서로 자기의 신부로 삼기를 원했다.

그 여인이 말하기를, "능히 하루 저녁에 『관세음보살보문품』을 다 외우는 사람이 있으면 시집을 가겠다."라고 하였다. 수많은 총각이 참여하였으나 총명한 총각 스무 명이 외워서 합격했다.

여인이 다시 말했다.

"내 몸이 하나라 스무 명에게 시집갈 수 없으니, 『금강경』을 다 외우는 사람에게 시집을 가겠다."

『금강경』을 다 외우는 사람은 열 명이나 되었다. 여인이 다시 『법화경』을 사흘 만에 외우도록 하였다. 마침 마씨 집안 아들이 사흘 만에 다 외워서 신랑으로 낙점되었다.

　여인은 혼인의 예를 갖추어 드디어 마씨 집안 아들과 혼인을 하게 되었다. 그런데 혼례식을 마치고 신방에 들기 전, 갑자기 여인이 몸이 아파 쓰러지더니 금방 죽고 말았다. 하객이 흩어지기 전이라 혼례식이 그만 장례식으로 변해 버렸다. 장례식을 마치고 마침 어떤 노승이 찾아왔기에 사람들은 그 여인이 여기에 오게 된 연유에 대해 물었다. 노승이 사람들을 무덤으로 안내하여 주장자로 무덤을 파 보니, 시신이 황금 뼈로 변해 있었다.

　노승이 황금 뼈를 가리키며 말하기를, "이것은 관음보살의 화신으로서 그대들의 업장이 두터운 것을 불쌍히 여겨 방편으로 화현하여 나툰 것이다. 진실로 선근의 은혜라 생각하고 업장을 소멸하여 고해를 벗어나도록 하라." 하고 허공중으로 사라졌다.

　이러한 인연으로 협주 지방에서는 불법을 신봉하는 사람들이 많아졌다. 지금도 금사탄에 가면 이 이야기가 전해져 내려오고 있다.

　청정법신을 물었는데 백억화신으로 대답했다. 법신·보신·화신의 불삼신이 곧 불일승이다. 체용이 일여하니, 화신이 곧 법신이다. 두두가 비로법신이요, 물물이 화장장엄이로다.

부처님의 법신은 온 세상에 두루 계시니	佛身普遍十方中
달이 천 강에 비쳐도 달의 본체는 하나.	月印千江一體同
네 가지 지혜 두렷이 밝히신 모든 성인들	四智圓明諸聖士
법회에 왕림하시어 중생을 이롭게 하네.	賁臨法會利群生

미천한 사람을 만나면 존귀해지고
존귀한 사람을 만나면 미천해진다.

한 알의 명주

동산양개 선사가 스승 운암담성 선사에게 여쭈었다.

"저는 중생의 습기를 다 제거하지 못했습니다."

"그대는 지금까지 무슨 수행을 했는가?"

"성스러운 진리[聖諦]도 구하지 않았습니다."

"그래도 환희는 있었는가?"

"환희가 없는 것은 아닙니다만, 마치 똥 무더기 속에서 한 알의 명주를 주운 것 같습니다."

예전에 양무제가 달마를 만나 가장 성스러운 최고의 진리[聖諦]가 무엇이냐고 물은 적이 있었다. 그때 달마는 "확연무성廓然無聖"이라고 대답했다. 텅 비어서 성스럽다고 할 만한 것이 없다는 말이다. 묻고 있는 물음 자체가 이미 성스러운 진리[眞際]와 성스럽지 않는 진리[俗際]라는 이원적 분별에 떨어져 있는 것이다. 가장 성스러운 최고의 진리는 성스러움마저 벗어나 있음을 설파해 주고 있다.

그래서 동산 선사도 성스러운 진리도 구하지 않는다고 말하고 있는 것이다. 그렇게 구하는 바 없는 수행을 했다 하더라도 법희선열은 있었을 것이 아닌가. 환희가 없는 것은 아니지만, 마치 똥통 속에서 명주 한 알을 주운 것과 같다고 말하고 있다. 번뇌 망념이 공한 도리를 체득함이 자갈밭에서 마니보주를 얻은 것 같아서 환희가 없는 것은 아니라고 말한 것이다.

그런데 그 마니보주는 똥 무더기 속에서 주운 것이 아니라, 본래 품속에 간직하고 있던 것이 아니던가? 중생이 본래부처임을 알지 못하고, 범부가 원래 품속에 한 알의 명주를 간직하고 있었음을 알지 못했을 뿐, 깨닫고 보니 본래부처요, 본래 구족한 명주이기에 뭐 그렇게 환희용약할 것까지는 없는 것이다. 그래서 만송 선사가 "거지가 적은 이익을 얻은 것과 같다."라고 착어하고 있다. 실은 적은 이익도 얻은 것이 없고 거저 본전을 챙긴 것에 불과하다. 꿈속에서 있었던 일체의 일은 애초에 아무 일도 일어난 바가 없었던 것이다.

여래장의 명주는 모든 중생이 본래 구족한 여래장이 아닌가. 본래 가지고 있는 명주를 얻었다고 환희한다면, 아직 구하는 상이 있고, 얻었다는 자취가 남아 있는 것이다. 명주는 곧 명주가 아니요, 그 이름이 명주일 뿐이다. 명주라는 자취마저 떨쳐 버려야 향상일로의 길이 열리는 것이다.

❀

그대여,
양민을 억압하여 천민으로 만들지 마라.

우치재

어떤 스님이 동산 선사에게 물었다.

"화상께서 병이 드셨다는데 병들지 않는 자도 있습니까?"

"있다."

"병들지 않은 자가 화상을 간호해 줍니까?"

"내가 그를 간호해 줄 분수는 있다."

"화상께서 어떻게 그를 간호하시겠습니까?"

"내가 그를 간호할 때에는 병이 보이지 않는다."

대사가 또 말했다.

"이 육신을 여의고 어느 곳에서 나와 만나겠는가?"

대중 가운데 아무도 대답하지 못했다.

환화공신幻化空身은 생로병사가 있지만 청정법신은 생주이멸이 없다. 본래 병들지 않은 본래인을 간호해 주는 분수는 법신의 본래 면목을 드러내는 본분사일 뿐이다. 육신을 여의고 어디서 만날 것 인가? 어디 한번 말해 보라. 불생불멸처에서 만나자고 말해야 옳은 가, 불생불멸처에서도 만나지 말아야 한다고 말해야 옳은가? 봄이 오면 어디엔들 꽃이 피지 않겠는가.

동산양개 선사는 함통 10년 3월에 시자를 시켜 머리를 깎게 하고, 옷을 갈아입고, 대종을 치게 한 뒤에 조용히 앉아서 원적에 들었다. 이때 대중들이 슬피 울다가 해가 기울었는데도 울음을 그치지 않았다. 대사가 홀연히 다시 눈을 뜨고 일어나 말했다.

"출가 사문의 참된 수행이란 마음이 대상에 집착하지 않아야 하니, 살면 수고롭고 죽으면 쉬는 것인데 어찌 슬픔이 있겠는가?"

그리고는 소임자를 불러서 우치재愚痴齋를 지내도록 하였다. 우치재란, 반야지혜를 얻지 못하고 세속의 인정에 끄달려 사람의 죽음을 슬퍼하는 이들을 위로하기 위하여 베푸는 재를 말한다. 재의 내용은 대체로 생사에 연연하는 정을 경책하여 생사로부터 초탈하게 하는 일종의 고별 의식인 셈이다.

생사가 본래 없는 출세간의 입장에서 보면 슬픔과 기쁨에 연연할 필요가 없겠지만, 생사거래가 엄연한 세간의 정에서 보면 스승과 제자라는 인연의 소중함을 기리고, 다시 한번 본무생사本無生死의 도리를 일깨우는 의식인 우치재가 마냥 필요 없다고는 할 수 없다. 우치재 자체가 어리석은 일이기는 하지만, 또한 어리석음을 깨우치는 일이기도 하다. 다시 말하면, 어리석음을 알고 어리석음을 없애기 위해 어리석은 재를 지내는 것이 우치재이다.

『원각경』에 설하길, "환인 줄 알면 바로 여의는 것이며[知幻卽離], 환을 여의는 것이 곧 깨달음이다[離幻卽覺]."라고 하였다. 환인 줄 알면서 환을 여의게 하고, 환을 여의어 바로 깨우치게 하려는 자비심으로 임종에 임해서도 간절한 법은法恩을 베푸는 동산 선사의 향운이 법계에 사무친다.

재를 모시고 있음에도 대중이 여전히 연모하는 정을 그치지 않자, 7일을 더 지내다가 공양 때가 되어 선사도 대중과 함께 재를 마치고 말했다.

"승가의 집안에서는 일이 없는 것이 일인데, 도대체 임종의 때가 되면 어찌 이리 번잡할 수 있는가."

그러고는 8일째 되는 날 목욕을 마치고 단정히 앉아 입적하였다. 세수는 63세요, 법랍은 42년이었다.

❀

본래인은 머무는 곳이 없는데
어디서 만나겠는가.
구름 걷히면 청산인 것을.

전등수필 2

傳 燈 隨 筆

눈이 없는 사람은 등불을 빌리지 않는다

초판 1쇄 발행 2024년 5월 15일

지은이 월암
펴낸이 오세룡

편집 윤예지 손미숙 박성화 여수령 허승 정연주
기획 곽은영 최윤정
디자인 김효선 고혜정 최지혜
홍보·마케팅 정성진

펴낸곳 담앤북스
주소 서울특별시 종로구 새문안로3길 23 경희궁의 아침 4단지 805호
대표전화 02-765-1250(편집부) 02-765-1251(영업부)
전송 02-764-1251
전자우편 dhamenbooks@naver.com

출판등록 제300-2011-115호

ISBN 979-11-6201-502-5 03220

값 16,800원